基于低行动力人群出行需求的多模式交通网络优化设计

/

Multimodal Traffic Network Optimization Design based on Travel Demands of Low-Mobility Individuals

张　涛　著

重庆大学出版社

图书在版编目(CIP)数据

基于低行动力人群出行需求的多模式交通网络优化设
计／张涛著. -- 重庆：重庆大学出版社，2024. 7.

ISBN 978-7-5689-4562-2

Ⅰ.U491

中国国家版本馆 CIP 数据核字第 2024AZ5745 号

基于低行动力人群出行需求的多模式交通网络优化设计

JIYU DIXINGDONGLI RENQUN CHUXING XUQIU DE DUOMOSHI JIAOTONG WANGLUO YOUHUA SHEJI

张 涛 著

策划编辑:林青山

责任编辑:陈 力　　　版式设计:林青山
责任校对:王 倩　　　责任印制:赵 晟

*

重庆大学出版社出版发行
出版人:陈晓阳
社址:重庆市沙坪坝区大学城西路 21 号
邮编:401331
电话:(023)88617190　88617185(中小学)
传真:(023)88617186　88617166
网址:http://www.cqup.com.cn
邮箱:fxk@cqup.com.cn(营销中心)
全国新华书店经销
重庆升光电力印务有限公司印刷

*

开本:720mm×1020mm　1/16　印张:12.5　字数:186 千
2024 年 7 月第 1 版　2024 年 7 月第 1 次印刷
ISBN 978-7-5689-4562-2　定价:79.00 元

前　言

　　低行动力人群一般包括老年人、残疾人和低收入人群3个子群,他们出行方式选择权少,常常被社会边缘化。不同低行动力子群在依靠不同出行方式出行时,会遇到不同的出行困难。我国低行动力人群基数大,目前多模式交通网络设计方法未充分考虑低行动力人群的出行问题。针对这一不足,本书提出了基于低行动力人群出行需求的多模式交通网络优化设计方法。常态下,以提高低行动力人群出行主要依靠的非个体机动交通(步行、非机动车和公共交通)的运行效率为主要优化目标,在不影响主要优化目标的前提下,考虑私家车运行效率,对多模式常态交通网络进行优化设计;疏散条件下,以低行动力人群疏散主要依赖的公共交通系统的疏散效率为首要优化目标,在不影响首要目标的前提下,保障私家车疏散效率和背景交通运行效率,对多模式疏散交通网络进行优化设计。本书研究范畴可划分为5个部分:低行动力人群出行需求分析、多模式交通组织策略设计方法、常态下多模式交通网络设计模型、疏散条件下多模式交通网络设计模型和案例分析。

　　低行动力人群出行需求分析是多模式交通网络设计的理论支撑。为了了解和分析我国低行动力人群出行需求以及他们的交通出行问题,重点开展了温岭市居民出行起讫点调查,并评估了不同群组的出行特性和公交可达性,同时提出了基于3个层面对比(老年人、残疾人和低收入人群之间,低行动力人群和普通大众之间,我国和西方发达国家低行动力人群之间)的出行需求分析方法。

　　多模式交通组织策略设计是多模式交通网络设计的建模导向。为了实现对低行动力人群日常出行和疏散路权的保护,我们分别提出了常态和疏散条件下的多模式交通组织策略设计方法。其中,常态下,基于低行动力人群出行行为特征,我们提出了面向低行动力人群或者不同低行动力子群的步行、非机动车和公共交通组织策略设计方法及其初步适用条件和实施效应;疏散条件下,以低行动力人群出行行为特征为引导,提出了考虑背景交通的公交导向多模式疏散交通组织策略设计方法及其初步适用条件和实施效应。

常态下多模式交通网络设计主要针对低行动力人群日常出行困难展开研究。为了提高低行动力人群出行主要依赖的非个体机动交通(步行、非机动车和公共交通)的运行效率,我们构建了基于低行动力人群出行需求的多模式常态交通网络优化设计模型。首先采用混合启发式方法(蚁群算法和遗传算法)对公交线路网络进行优化,采用连续权重平均法对步行、非机动车和私家车交通流进行静态分配;然后基于优化和分配得到的相关指标数据,形成多模式常态可行交通组织策略,进而获得多模式常态交通网络初步设计方案;最后利用禁忌算法对多模式常态可行交通组织策略进行优化选择,从而得到多模式常态交通网络优化设计方案。

疏散条件下多模式交通网络设计主要针对低行动力人群交通疏散困难展开研究。为了提高低行动力人群主要依赖的公共交通系统的疏散效率,我们构建了基于低行动力人群出行需求的多模式疏散交通网络优化设计模型。首先采用蚁群算法对公共交通疏散路径进行优化,采用随机动态交通网络加载方法对私家车疏散交通流进行动态分配;然后基于优化和分配得到相关指标数据,形成多模式疏散可行交通组织策略,进而获得多模式疏散交通网络初步设计方案;最后利用禁忌算法对多模式疏散可行交通组织策略进行优化选择,从而得到多模式疏散交通网络优化设计方案。

以温岭市为案例分析背景,分别验证了基于低行动力人群出行需求的多模式常态和疏散交通网络设计模型中相关算法的有效性,并对多模式常态和疏散交通网络优化设计方案进行评价,从而表明了模型的可行性和多模式交通组织策略的实用性。

编　者

2024 年 2 月

符号、略缩词注释表

正文各章节中常用的符号在表 1 中列出,所有参数和变量都大于 0,如无特别注明,正文中的符号含义均以此表为准。

表 1　符号注释

符号	含义
V	节点集,每个节点也可代表一个公交站点,i 为其中一个元素
E	路段集,l 为其中一条有向路段,$l=(i,j)$ 表示从节点 i 到 j 的路段
q_l^m	常态下,路段 l 上,出行方式 m 的交通量(次/h、辆/h);m 包括 wal、bik、aut、bus、car、bic 和 ele,分别代表步行、非机动车、机动车、公交车、私家车、自行车和电动车,γ_{bus} 是公交车量标准车辆折算系数,自行车和电动车的标准车辆折算系数相同; $q_l^{aut}=\gamma_{bus}\times q_l^{bus}+q_l^{car}$,$q_l^{bik}=q_l^{bic}+q_l^{ele}$,$l\in E$
$q_{l,g}^m$	常态下,路段 l 上,群组 g 的出行方式 m 的交通量(次/h、辆/h);g 包括 GP、LMI、OA+DI、LI,分别代表普通大众、低行动力人群、老年和残疾人群、低收入人群;$q_l^m=q_{l,GP}^m+q_{l,LMI}^m$,$q_{l,LMI}^m=q_{l,OA+DI}^m\cup q_{l,LI}^m$,$l\in E$
$u_{l,g}^m$	常态下,路段 l 上,群组 g 的出行方式 m 的流量占比; $u_{l,g}^m=q_{l,g}^m/q_l^m$,$l\in E$
r_l^m	路段 l 上,出行方式 m 的交通饱和度;$r_l^m=q_l^m/c_l^m$,$l\in E$
N	常态下,公交线路的集合,n 为其中一条公交线路;此外,在迭代运算过程中,n 还可以表示迭代次数
N^{bus}	常态下,公交线路的数量
d_n	常态下,公交线路 n 可满足的出行需求(次/h)
d_n^g	常态下,公交线路 n 可满足群组 g 的出行需求(次/h)
u_n^g	常态下,公交线路 n 上,群组 g 的直达出行需求占比;$u_n^g=d_n^g/d_n$

续表

符号	含义
f_n^{max}	常态下,公交线路 n 上,最大客流断面的乘载客流(次/h)
h_n	常态下,公交线路 n 的车头时距(min/辆)
Q	公交车的额定载客量(次/辆)
r_n	常态下,公交线路 n 的拥挤度;$r_n = f_n^{max} \times h_n / Q$
λ_x	可行交通组织策略判定参数,$x = 1$、2、3、4、5、6、7、8、9、10 和 11
Δ^m	常态交通组织策略实施后,出行方式 m 速度或者出行时间增加的数量。其中,Δ^{wal}、Δ^{bik} 和 Δ^{bus} 是速度增加的数量,单位是 km/h;Δ^{car} 是出行时间增加的系数,无单位
d_i^n	常态下,公交站点 i 上,搭乘公交线路 n 的公共出行需求(次/h)
$d_{i,g}^n$	常态下,公交站点 i 上,搭乘公交线路 n 的群组 g 的公共出行需求(次/h)
$\rho_{i,g}^n$	常态下,公交线路 n 上,群组 g 在公交站点 i 的基本客流吸引率;$\rho_{i,g}^n = d_{i,g}^n / d_i^n$,$i \in V$
λ_n^{OA+DI}	常态下,公交线路 n 上,老年和残疾人群的客流吸引率提升系数
λ_n^{LI}	常态下,公交线路 n 上,低收入人群的客流吸引率提升系数
$\rho_{i,g}^{n*}$	常态交通组织策略实施后,公交线路 n 上,群组 g 在公交站点 i 的客流吸引率
p_f	公共交通疏散方向最优疏散路径
p_r	公共交通疏散对向最优驶回路径
T_f	路径 p_f 的疏散交通组织策略实施准备时间
T_r	路径 p_r 的疏散交通组织策略实施准备时间
d_{od}^{bus}	疏散条件下,从起点到终点的公共交通疏散需求
N^{eva}	疏散条件下,可用公交车数量(辆)
T_{bus}	公共交通疏散持续时间

符号	含义
T_{car}	私家车交通疏散持续时间
q_l^{back}	疏散条件下,路段 l 的背景交通量(辆/h)
η_{s}	疏散组织策略单位长度实施准备时间(min/km)
c_l^m	路段 l 上,出行方式 m 的基本通行能力(次/h 和辆/h);m 包括 wal、bik、aut、bus 和 car,分别代表步行、非机动车、机动车、公交车和私家车
L_l	路段 l 的长度(km)
d_{ij}	常态下,OD 对 ij 之间的出行需求(次/h 和辆/h)
d_{ij}^m	常态下,OD 对 ij 之间,出行方式 m 的出行需求(次/h 和辆/h);$d_{ij} = d_{ij}^{\mathrm{wal}} + d_{ij}^{\mathrm{bik}} + d_{ij}^{\mathrm{bus}} + d_{ij}^{\mathrm{car}}$
$d_{ij,g}^m$	常态下,OD 对 ij 之间,群组 g 的出行方式 m 的出行需求(次/h 和辆/h);$d_{ij,\mathrm{LMI}}^m = d_{ij,\mathrm{Oa+Di}}^m \cup d_{ij,\mathrm{Li}}^m, d_{ij}^m = d_{ij,\mathrm{GP}}^m + d_{ij,\mathrm{LMI}}^m$
d_{ij}^n	常态下,公交线路 n 上,从公交站点 i 到 j,可以获得直达公交服务的出行需求(次/h)
$d_{ij,g}^n$	常态下,公交线路 n 上,从公交站点 i 到 j,群组 g 可以获得直达公交服务的出行需求(次/h);$d_{ij,\mathrm{LMI}}^n = d_{ij,\mathrm{Oa+Di}}^n \cup d_{ij,\mathrm{Li}}^n, d_{ij}^n = d_{ij,\mathrm{LMI}}^n + d_{ij,\mathrm{GP}}^n$
$d_{ij,g}^{\mathrm{no}}$	常态下,未获得公共交通服务的群组 g 的出行需求(次/h)
Z	常态公交路径选择模型目标函数值
W_x^{bus}	权重系数,$x = 1$、2、3、4、5、6、7、8 和 9;$W_1^{\mathrm{bus}} + W_2^{\mathrm{bus}} + W_3^{\mathrm{bus}} = 1, W_4^{\mathrm{bus}} + W_5^{\mathrm{bus}} = 1, W_6^{\mathrm{bus}} + W_7^{\mathrm{bus}} = 1, W_8^{\mathrm{bus}} + W_9^{\mathrm{bus}} = 1$
tr	常态下,换乘线路(包含两条以上的公交线路)
$d_{ij,g}^{tr}$	常态下,公交换乘线路 tr 上,从公交站点 i 到 j,群组 g 可以获得换乘公交服务的客流(次/h);$d_{ij,\mathrm{LMI}}^{tr} = d_{ij,\mathrm{Oa+Di}}^{tr} \cup d_{ij,\mathrm{Li}}^{tr}, d_{ij}^{tr} = d_{ij,\mathrm{LMI}}^{tr} + d_{ij,\mathrm{GP}}^{tr}$
t_{ij}^n	常态下,公交线路 n 上,从公交站点 i 到 j 的出行时间(h)
t_{ij}^{tr}	常态下,公交换乘线路 tr 上,从公交站点 i 到 j 的出行时间(h)
$T_{\mathrm{LMI}}^{\mathrm{no}}$	未获得公交服务的低行动力人群个体的时间成本(h/次)

续表

符号	含义
T_{GP}^{no}	未获得公交服务的普通大众个体的时间成本(h/次)
DR_{ij}	常态下,服务从节点 i 到 j 公共出行需求的直达路径集合
TR_{ij}	常态下,服务从节点 i 到 j 公共出行需求的换乘路径集合
L_{ij}^{n}	常态下,公交线路 n 上从公交站点 i 到 j 的运营长度
L_{ij}^{tr}	常态下,公交换乘线路 tr 上从公交站点 i 到 j 的运营长度
v_{bus}	公交车运营速度
L_{max}	公交线路的最大长度(km)
L_{min}	公交线路的最小长度(km)
h_{max}	公交线路的最大车头时距(min/辆)
h_{min}	公交线路的最小车头时距(min/辆)
L_{n}	常态下,公交线路 n 的总长度(km)
N^{nor}	常态下,1 h 运营时间内,可提供的最大公交车队规模(辆/h)
Dd_{n}	常态下,公交线路 n 上的直达出行者密度(次/km)
L_{ij}	常态下,从节点 i 到 j 的最短路径长度(km)
K	蚁群算法中,每次搜索时分配到起始点的蚂蚁数量,恒定的正整数;每只蚂蚁都有对应的编号,其中一只蚂蚁编号用 k 表示,$1 \leqslant k \leqslant K$
τ_{ij}	蚁群算法中,从节点 i 到 j 的信息素
η_{ij}	蚁群算法中,从节点 i 到 j 的可见量
$d_{n,j}^{up}$	常态下,公交线路 n 上,公交站点 j 的上游需求和(次/h)
$d_{n,j}^{down}$	常态下,公交线路 n 上,公交站点 j 的下游需求和(次/h)
p_{ij}^{k}	蚁群算法中,蚂蚁 k 从节点 i 移动到节点 j 的概率
$tabu_{k}$	蚁群算法中,蚂蚁 k 的不可转移的节点集合

续表

符号	含义
α	蚁群算法中,信息素的影响参数
β	蚁群算法中,可见量的影响参数
n_k	蚁群算法中,蚂蚁 k 成功搜索得到的公交线路 n
$\Delta\tau_{n,ij}^{k}$	蚁群算法中,公交线路 n_k 上,路段 (i,j) 增加的信息素
Dd_n^k	蚁群算法中,公交线路 n_k 的直达出行者密度(次/km)
$f_{n,ij}^{k}$	蚁群算法中,公交线路 n_k 上路段 (i,j) 的乘载客流(次/h)
δ	蚁群算法中,增加信息素的调整参数
n_s^k	蚁群算法中,公交线路 n_k 的公交站点数量
τ_{ij}^{new}	蚁群算法中,更新后路段 (i,j) 的信息素
τ_{ij}^{old}	蚁群算法中,更新前路段 (i,j) 的信息素
ρ	蚁群算法中,蒸发系数,$0<\rho<1$
N_h	遗传算法中,增加车头时距或者减小车头时距的公交线路数量,恒定的正整数
p_{ij}^{m}	OD 对 ij 之间的路径集合,p 为其中一条路径
$q_{ij,p}^{m}$	常态下,OD 对 ij 之间路径 p 上的出行方式 m 的出行需求(次/h 和辆/h)
$C_{ij,p}^{m}$	常态下,OD 对 ij 之间路径 p 上的出行方式 m 的出行费用
θ_1	常态下,路径选择费用调整参数
IJ	路网中 OD 对的集合,ij 为其中一个元素
$q_{ij,p}^{m}$	常态下,OD 对 ij 之间路径 p 上的群组 g 出行方式 m 的出行需求(次/h 和辆/h)
C_l^m	常态下,路段 l 上出行方式 m 的出行费用
C_z^m	常态下,交叉口 z 上出行方式 m 的出行费用
t_l^m	常态下,路段 l 上,出行方式 m 的自由出行时间(h);$l\in E$

续表

符号	含义
α_1	BPR 函数中的调整参数
β_1	BPR 函数中的调整参数
ρ_{car}	单位长度燃油费(元/km)
η	货币费用-出行时间折算系数
W_x^{car}	权重系数,$x = 1$ 和 2;$W_1^{car}+W_2^{car}=1$
σ_m	出行方式 m 的安全影响系数
φ	费用函数中的安全调整参数
v_l^m	常态下,路段 l 上,出行方式 m 的速度(km/h 和 m/s);在相同出行方式下,道路类别(快速路、主干路、次干路和支路)不同,出行速度也不同;$l \in E$
w_l^m	路段 l 上,出行方式 m 的车道宽度(m)
w_s^m	出行方式 m 的最优(标准)车道宽度(m)
$\psi_{l,bik}^{car}$	路段 l 的机非隔离带存在判定系数,存在等于 0,否则等于 1
$\psi_{l,bik}^{wal}$	路段 l 的人车分离设施存在判定系数,存在等于 0,否则等于 1
ϑ_l	路段 l 通过对应交叉口的行驶方向,直行过街等于 1,左转过街等于 1.5,右转过街等于 0.5
T_{red}^l	路段 l 对应交叉口的红灯时间(仅信号控制下的交叉口存在)
L_l^z	路段 l 对应交叉口 z 的过街长度(m)
L_{car}	私家车的标准长度(m)
N_l^m	通过路段 l 对应信号交叉口时,出行方式 m 的车辆数或者行人数;$N_l^m = q_l^m \times T_{red}^l$
lag	步行和非机动车过街延误调整参数
$q_{l(n)}^m$	静态交通分配求解中,第 n 次迭代路段 l 上出行方式 m 的交通量(辆/h)
$C_{l(n)}^m$	静态交通分配求解中,第 n 次迭代路段 l 上出行方式 m 的出行费用
$C_{z(n)}^m$	静态交通分配求解中,第 n 次迭代交叉口 z 上出行方式 m 的出行费用

续表

符号	含义
$C_{ij,p(n)}^{m}$	静态交通分配求解中,第 n 次迭代各 OD 对 ij 之间可行候选路径出行方式 m 的出行费用
$C_{ij,p(n)}^{m,\min}$	静态交通分配求解中,第 n 次迭代各 OD 对 ij 之间出行方式 m 的最短出行费用
σ	静态交通分配求解中,有效路径判定系数
$y_{l(n)}^{m}$	静态交通分配求解中,第 n 次迭代路段 l 上出行方式 m 的辅助交通量(辆/h)
$\chi_{(n)}$	静态交通分配求解中,第 n 次迭代的步长
$G_{(n)}^{m}$	静态交通分配求解中,第 n 次迭代出行方式 m 检验收敛的误差值
ε	变分不等式求解中,预先给定的误差限定值
$q_{l,g}^{m(n)}$	第 n 次迭代中路段 l 上群组 g 出行方式 m 的交通量(辆/h)
Z_{nor}	常态策略选择模型目标函数值
Z_m	出行方式 m 出行费用
W_x^{nor}	权重系数,$x = 1$、2、3、4 和 5;$W_1^{\mathrm{nor}}+W_2^{\mathrm{nor}}+W_3^{\mathrm{nor}}+W_4^{\mathrm{nor}}+W_5^{\mathrm{nor}}=1$
N_s	常态下,多模式交通组织策略集合,n_s 为其中一个交通组织策略;$N_s=[A,B,C,D,E]$
N_s^1	实施时产生建设费用的常态交通组织策略集合;$N_s^1=[A,B]$
N_s^2	实施时产生运营费用的常态交通组织策略集合;$N_s^2=[C,D,E]$
$m_l^{n_s}$	路段 l 上实施常态交通组织策略 n_s 的建设费用;$n_s \in N_s^1$
$\varpi_l^{n_s}$	路段 l 上常态交通组织策略 n_s 实施判定系数,实施等于1;否则等于0;$n_s \in N_s^1$
$\rho_1^{n_s}$	常态交通组织策略 n_s 的道路单位长度的时间成本(h/km);$n_s \in N_s^1$
$m_n^{n_s}$	公交线路 n 上实施常态交通组织策略 n_s 的运营费用,$n_s \in N_s^2$
$\varpi_n^{n_s}$	公交线路 n 的常态交通组织策略 n_s 实施判定系数,实施等于1,否则等于0;$n_s \in N_s^2$

续表

符号	含义
$\rho_2^{n_s}$	常态交通组织 n_s 的公交线路单位长度的运营时间成本($\mathrm{h/km}$);$n_s \in N_s^2$
W_x^{wal}	权重系数,$x = 1$ 和 2;$W_1^{\mathrm{wal}} + W_2^{\mathrm{wal}} = 1$
W_x^{bik}	权重系数,$x = 1$ 和 2;$W_1^{\mathrm{bik}} + W_2^{\mathrm{bik}} = 1$
d_{od}^{car}	疏散条件下,从起点到终点的私家车疏散需求(辆)
p_k	蚁群算法中,蚂蚁 k 成功搜索得到的路径
$\Delta\tau_{ij}^k$	蚁群算法中,路径 p_k 上路段 (i,j) 增加的信息素
Fc_p^k	蚁群算法中,路径 p_k 的机动车可行通行能力密度(辆/h/km)
Fc_l^k	蚁群算法中,路径 p_k 上路段 l 的机动车可行通行能力密度(辆/h/km)
n_p^k	蚁群算法中,路径 p_k 的节点数
Fc_l	疏散条件下,路段 l 的机动车可行通行能力密度(辆/h/km)
$c_l^{\mathrm{aut}'}$	疏散条件下,路段 l 的机动车可行通行能力(辆/h)
Fc_p	疏散条件下,路径 p 的机动车可行通行能力密度(辆/h/km)
$[a_0, a_1]$	动态交通分配中,预设时段,由规划专家判定,会被平分成小时段($\min$)
a_Δ	动态交通分配中,小时段的时间间隔($\min$),是固定不变的
A	动态交通分配中,预设时段被平分后,小时段的个数,为正整数;$A = \mathrm{ceil}(a_1 / a_\Delta - a_0/a_\Delta)$
$b_{od}(a)$	疏散条件下,a 时刻的起点驶入率(辆/h)
P_{od}	疏散条件下,从起点到终点之间所有有效路径集合
$C_{od}(a)$	疏散条件下,a 时刻,从起点到终点之间所有路径的出行费用
$C_{od}^p(a)$	疏散条件下,a 时刻,从起点到终点之间路径 p 的出行费用
θ_2	动态交通分配中,出发时间偏好调整参数
$b_{od}^p(a)$	疏散条件下,a 时刻路径 p 的起点驶入率(辆/h)

符号	含义
θ_3	动态交通分配中,路径选择偏好调整参数
$t_{od}^p(a)$	疏散条件下,a 时刻,从起点到终点之间路径 p 的疏散时间(h)
$s_l(a)$	动态交通分配中,a 时刻路段 l 的交通负荷(辆)
$b_l(a)$	动态交通分配中,a 时刻路段 l 的驶入率(辆/h)
$e_l(a)$	动态交通分配中,a 时刻路段 l 的驶出率(辆/h)
$s_p(a)$	动态交通分配中,a 时刻路径 p 的交通负荷(辆)
$b_p(a)$	动态交通分配中,a 时刻路径 p 的驶入率(辆/h)
$e_p(a)$	动态交通分配中,a 时刻路径 p 的驶出率(辆/h)
$t_l^{\mathrm{eva}}(a)$	疏散条件下,a 时刻,从起点到终点之间路段 l 的疏散时间(h)
$c_l^{\mathrm{car}'}$	疏散条件下,路段 l 的私家车可行通行能力(辆/h)
$c_p^{\mathrm{car}'}$	疏散条件下,路径 p 的私家车可行通行能力(辆/h)
q_p^{back}	疏散条件下,路径 p 上的背景交通量(辆/h)
$b_{od}^{(n)}(a)$	静态交通分配求解中,第 n 次迭代 a 时刻的起点驶入率(辆/h)
$b_{od}^{p(n)}(a)$	静态交通分配求解中,第 n 次迭代 a 时刻路径 p 的起点驶入率(辆/h)
$G_{(n)}^{\mathrm{eva}}$	静态交通分配求解中,第 n 次迭代检验收敛的误差值
Z_{eva}	疏散策略选择模型目标函数值
W_x^{eva}	权重系数,$x=1$、2 和 3;$W_1^{\mathrm{eva}}+W_2^{\mathrm{eva}}+W_3^{\mathrm{eva}}=1$
$Z_{\mathrm{bus}}^{\mathrm{l}}$	公共交通所有车辆疏散总时间(h)
$Z_{\mathrm{car}}^{\mathrm{l}}$	私家车交通所有车辆疏散总时间(h)
T_{all}	疏散持续时间(h)
Z_{back}	背景交通出行总损失时间(h)

续表

符号	含义
ψ_X	疏散交通组织策略 X 实施判定系数,实施等于 1,否则等于 0; $X=[\text{F,G,H,I,J}]$
v_Δ^{pub}	疏散交通组织策略实施后,公共交通疏散速度增加的数量(km/h)
v_Δ^{car}	疏散交通组织策略实施后,私车疏散速度增加的数量(km/h)
$a_{\text{last}}^{\text{bus}}$	疏散条件下,最后一辆公交车到达终点的时刻
$a_{\text{last}}^{\text{car}}$	疏散条件下,最后一辆私家车到达终点的时刻
N_{turn}	疏散条件下,公共交通驶回的趟数(趟)
N_{last}	最后一次从疏散起点到疏散终点的公交车数量
t_f^{bus}	疏散条件下,公交车在路径 p_f 上的行驶时间(h)
t_r^{bus}	疏散条件下,公交车在路径 p_r 上的行驶时间(h)
L_f	疏散条件下,路径 p_f 的长度(km)
L_r	疏散条件下,路径 p_r 的长度(km)
$\overline{\psi}_{\text{FG}}$	疏散交通组织策略 F 和 G 实施判定系数,都没有实施等于 1,否则等于 0
μ	疏散条件下,背景车辆出行时间的折算系数(由规划专家判定)
ceil( )	向上取整函数
floor( )	向下取整函数
$r(A,B)$	矩阵 A 和 B 的相似系数

正文各章节中所用略缩词(按字典序)在表 2 中列出。

表 2 略缩词注释

略缩词	英文全称	中文意思
ACA	Ant Colony Algorithm	蚁群算法
BPR	Bureau of Public Roads	美国联邦公路局
CBD	Central Business District	中心商业区
DAB	Difficulties Accessing Both	存在两种到达困难
DAE	Difficulties Accessing Either	存在一种到达困难
DI	Individuals with Disabilities	残疾人群
DTA	Dynamic Traffic Assignment	动态交通分配
FIFO	First-In-First-Out	先进先出
GA	Genetic Algorithm	遗传算法
GIS	Geographic Information System	地理信息系统
GP	General Public	普通大众
LI	Low-Income Individuals	低收入人群
LMI	Low-Mobility Individuals	低行动力人群
MSA	Method of Successive Average	迭代加权法
MSWA	Method of Successive Weight Average	连续权重平均法
OA	Older Adults	老年人群
OD	Orgin to Destination	起讫点
SAA	Simulated Annealing Algorithm	模拟退火算法
STA	Static Traffic Assignment	静态交通分配
SUE	Stochastic User Equilibrium	随机用户平衡
TA	Tabu Algorithm	禁忌算法
TL	Traffic Load	交通负荷
TRANSIMS	Transportation Analysis and Simulation System	交通分析仿真系统
VI	Variational Inequality	变分不等式
WWD	Within Walking Distance	在步行范围内

目　录

第1章 绪论

1.1 研究背景及意义

1.1.1 研究背景

交通运输对人们参与社会活动起着至关重要的纽带作用,合理出行是人们上学、上班、购物、看病以及文化娱乐等日常活动的必要条件。然而,我国很多人受行动力的限制,无法获得多样化的出行方式。例如,身体残疾原因不能开车,经济原因负担不起私家车出行,或者这些原因导致无法获得期望的交通服务。这些人通常被称为低行动力人群(Low-Mobility Individuals,LMI),包括老年人群(Older Adults,OA)、残疾人群(Individuals with Disabilities,DI)和低收入人群(Low-Income Individuals,LI),他们不能自由地选择出发时间、出行方式以及目的地,常常被社会边缘化。

截至 2017 年年底,我国超过 60 岁以上的老年人口已经达到 2.47 亿人,占总人口比重的 17.3%,到 2050 年老年人口预计将达到 4.87 亿人,其中,失能、半失能的老年人数量会进一步增多。随着我国步入老龄化社会,老年人已成为交通运输行业的重要服务对象。滴滴公司发布的《2016 年老年人出行习惯调查报告》显示,我国 56.36% 的老年人出行主要依靠公交车;20.59% 的老年人主要依靠自行车及老年代步车;19.41%的老年人主要依靠地铁出行;89.19%的50~70岁的老年人反映交通出行困难,如频繁换乘、大量步行和打不到出租车等问题;有近两成的老年人由于交通不便而放弃出行。

著名经济学家樊纲表示:虽然我国经济总量已达到相当规模,但是人均GDP(2017年的人均GDP为9 600美元)仅为欧美等发达国家的1/5,相比发达国家,我国70%的人口还处于低收入状态。伴随着私家车数量迅速增加,城市空间不断蔓延,低收入人群的居住地逐渐被边缘化,出行距离和出行强度逐渐增加;受自身经济条件约束,低收入人群对交通服务价格的承受能力差(很少使用私家车和出租车),可选择的出行方式较少。

目前,我国残疾人总数超过8 500万,约占总人口比例的6.21%,其中,视力残疾人数达1 200多万,肢体残疾人数近2 500万。然而,在我国,方便残疾人出行的交通基础设施极其不完善,如盲道被强行占用、轮椅通行道的坡度"山路十八弯"、无障碍公交车及无障碍公交停靠站缺失。中国残疾人联合会发布的数据显示,65%以上的路人表示自己已经一个星期没有在大街、闹市和公园等公共场合见过残疾人,75%以上的残疾人表示交通不便是不愿意出门的重要原因。

如此规模的低行动力人群存在如此多的交通出行问题,迫切地需要交通规划和管理部门关注并解决。低行动力人群交通出行选择权少,极度依赖非个体机动交通(步行、非机动车和公共交通)出行。近年来,我国过多地重视私家车出行环境,忽视非个体机动交通出行环境,导致很多低行动力人群渴望私家车出行(如很多低收入人群只要经济条件允许就会购买私家车,很多老年和残疾人群开始积极考驾照)以达到出行便捷的目的,在很大程度上增加了交通运输系统的压力。同时,我国高密度城市发展模式造成城市空间十分有限,交通系统面临着比以往更多的问题和压力,交通拥堵尤为突出。高德地图推出的中国主要城市交通分析报告中指出:2017年,在全国高峰时段,超过26%的城市处于拥堵状态,55%的城市处于缓行状态,仅有19%的城市不受高峰拥堵的影响;

而从平峰时段来看,有大约 2% 的城市处于拥堵状态,超过 35% 的城市处于缓行状态①。此外,近年来非常态事件频发,如上海外滩踩踏事件和沈阳在举办亚洲世界杯预选赛时 3.5 万观众滞留事件等。拥堵和非常态事件造成的交通问题对原本脆弱的低行动力人群交通出行环境如同雪上加霜,让面向低行动力人群多模式交通出行方面的研究提上议程。

1.1.2　研究意义

本书为作者博士论文《面向低行动力人群多模式交通网络优化设计》的延伸和细化,受到山西省基础研究计划(自由探索类)青年项目(20210302124455)的资助,拟以低行动力人群的出行需求特征为基础,提出充分考虑其出行特征的多模式交通组织策略,同时构建基于低行动力人群出行需求的多模式交通网络优化设计模型。研究内容能够为城市多模式交通网络设计提供新的思路和方法,为交通规划编制、交通管理与控制措施制订以及交通基础设施布局提供一定的依据和参考,具有重要的理论和现实意义。其主要表现在以下 4 个方面:

(1)低行动力人群出行需求分析

出行需求是指各种人和物出于不同的出行目的在社会空间中以不同的出行方式进行转移,存在需求时间与空间的不均匀性、需求目的的差异性和需求方式实现的可变性等特点。我国是一个发展中国家,城镇人口密度大,老龄化问题日益严重,导致低行动力人群基数高和交通出行问题增多。深入分析低行动力人群出行需求特征,能够更准确地掌握低行动力人群交通出行分布规律,进而可以从城市多模式交通网络设计角度出发,引导和满足低行动力人群不同交通模式需求,从而达到改善低行动力人群交通出行环境的目的。

---

① 高德地图.

（2）多模式交通组织策略设计

出行需求特征可以直观地反映交通组织管理和控制的实施效果，同时为交通组织策略设计提供有效根据。基于低行动力人群出行需求分析结果，面向低行动力人群多模式交通组织策略关注低行动力人群交通出行问题，优先考虑非个体机动交通（低行动力人群主要依赖的交通系统）的出行环境和公共交通（低行动力人群主要依赖的疏散方式）的疏散效率，满足或者引导低行动力人群常态和疏散条件下的出行需求，还可以引导私家车出行需求在常态和疏散条件下转向非个体机动交通，从而缓解我国城市私家车数量日益增多而导致的交通拥堵问题，同时为未来的多模式交通组织策略设计提供一定的参考价值。

（3）多模式常态交通网络优化设计

交通网络优化设计是城市交通规划的重要组成部分，是实施交通管理的前提条件和核心技术。其主要作用是将道路网设计成从"线"到"面"和从局部到整体都能协调统一和正确定位，从而最大限度地满足人们的出行需求。然而，以前的大多数研究主要关注私家车出行环境，少数多模式交通（考虑非个体机动交通）网络优化设计研究过于专注交通分配模型和相关算法，而忽视了低行动力人群出行需求特征，没有提出针对性的交通组织策略设计和网络优化设计模型，难以真正地解决低行动力人群交通出行问题。基于低行动力人群出行需求的多模式常态交通网络优化设计模型将尝试解决以上不足，为以后的多模式交通网络优化设计研究提供新方向。

（4）多模式疏散交通网络设计

近年来，国内外学者对疏散交通的研究主要集中在对建筑物内的行人疏散和特大非常态事件下的车辆疏散，对背景交通的考虑仅局限于疏散需求预测和交通组织策略的研究，没有考虑疏散交通和背景（常态）交通之间的相互影响。我国对低行动力人群疏散研究兴起于最近几年，尚未在应急疏散方面形成一套系统完善的理论和方法。基于低行动力人群出行需求的多模式疏散交通网络优化设计模型将优先满足低行动力人群的疏散需求,同时考虑疏散交通与背景交通之间的相互影响,为后面的多模式疏散交通网络设计提供新的研究思路。

构建以改善常态和疏散条件下低行动力人群出行环境为目的的多模式交通网络优化设计模型,无论从理论角度还是从实践应用角度,都是十分必要和迫切的。

1.2　国内外研究综述

国内外基于低行动力人群出行需求的多模式交通网络设计研究成果有很多,本节选取与本书紧密相关的 3 个方面内容进行综述,包括低行动力人群出行特征分析、多模式交通网络设计方法和公共交通路径选择算法。

1.2.1　低行动力人群出行特征分析

Jansuwan 等(2013)最先将老年人群、残疾人群和低收入人群 3 个子群归类为低行动力人群,以美国犹他州卡什县为研究区域,基于出行行为特性和公共交通可达性两个评价维度,评估了不同低行动力子群的出行需求。

(1)老年人群出行特征

我国通常把 60 岁以上的人称为老年人,国外大部分国家把 65 岁以上的人划定为老年人群。随着老龄化趋势越来越严重,老年人出行面临很多困难,国内外学者对老年人群出行行为特征的研究越来越多。

1)国外研究状况

Rosenbloom(1993)认为,如果美国老年人群无法驾驶私家车,那么他们外出活动行动力将会受到限制,尤其在医疗和购物出行中面临很多困难。Rosenbloom(2001)指出,85% 的美国老年人(65 ~ 85 岁)拥有小汽车驾驶执照,暗示老年人群出行很活跃,主要依靠私家车进行中长距离的交通出行;在 75 岁以前,美国老年人群的出行频率不低于年轻出行者;85 岁以上的美国老年人群非工作平均出行次数低于 65 岁以下的美国年轻人群,而美国老年女性人群平均出行次数略低于 65 岁以下的美国年轻女性人群;65 ~ 75 岁的美国老年人群出行非常活跃,但 85 岁以上的美国老年人群出行活跃度明显低于 65 岁以下的美国年轻人群;老年人群频繁的私家车出行会影响交通出行环境(寻路时容易出现误差、洞察能力下降和空气污染等)和导致交通事故(车与车之间和车与人之间)的产生。Faste 和 Muenchinger(2017)表示,随着美国老年人群出行次数越来越多,交通设计者需要关注他们由生理衰退所带来的出行障碍,进而改善老年人群的出行环境。Kotval-K(2017)针对无法驾驶私家车美国老年人群存在的交通出行问题,提出改善老年人群交通可达性的基础设施设计方法,尤其适用于典型的小城市区域。

Bryanton 等(2014)在研究85 ~ 102 岁的加拿大老年女性人群生活状况时发现,她们中有 82.1% 丧偶,67% 单独居住的,68% 无法驾驶私家车;在无法驾驶私家车的她们中,超过一半(51.6%)居住在城市区域,40% 居住在农村区域(距离城市区域 10 km 以上);她们(尤其是无法驾驶私家车)的出行方式选择权很少,出行存在很多困难。

Alsnih 等(2003)认为,在西方国家,老年人群公共交通和步行出行不是很频繁,因为老年人群喜欢居住在远离中心商业区和城市区域(大约 3/4 的美国老年人生活在郊区和农村),公共交通服务可达性低。另外,老年人群在搭乘公交车(上下公交车或步行到一个公交车站)时存在的诸多困难和在公交车上站立的可能性都是老年人群公共交通出行的阻力。

Portegijs 等(2015)认为,芬兰老年人群生活区域空间越大(可以认为生活在城市区域),他们的平均步行出行次数越多,对身体健康越有益。

Lotfi 等(2011)认为,生活在步行交通顺畅区域的伊朗老年人群平均出行频率高于那些居住在步行交通不完善区域的老年人群。

Plazinić 等(2018)在研究塞尔维亚农村地区老年人群交通出行可达性中，发现生活在高可达性区域的老年人群出行流动性高于生活在低可达性或中等可达性的老年人群。

Thaithatkul 等(2022)分析了泰国曼谷老年人群的外出活动频率，指出公共交通的折扣票价可能有助于促进老年人群的交通出行。

2）国内研究状况

柴彦威等(2005)基于出行调查数据，分析了居住区位因素对老年人群购物出行的影响，发现居住小区商业完善程度和可达性直接决定了老年人群购物出行距离的长短。张政(2009)认为城市老年人群出行频率随着年龄增加而降低，低于年轻人群；老年人群日常出行活动以步行为主，其次是自行车和公共交通出行；购物是老年人群出行的主要目的。夏晓敬(2015)指出城市老年人群有很强的旅游出行意愿，其出行主要倾向于沿途观赏风景。王雨佳等(2018)分析了老年人群日常家务出行活动特征，发现其他家庭成员通勤出行活动不直接(间接)影响老年人群日常家务出行活动，不同年龄段老年人群日常家务出行活动特征存在明显差异。于珊珊等(2018)在对老年人群日常出行活动进行分析后，发现城市老年人群出行目的以购物和锻炼为主，对锻炼活动的意愿很强；早上出行时间集中在早高峰时段，下午出行时间集中在晚高峰时段前。姚恩建等(2019)指出老年人群的日常出行目的主要包括休闲娱乐、购物出行；出行距离方面以短距离(0~3 km)为主；出行时间分布集中于早晚高峰时段。柳伍生等(2021)通过分析老年人群的公交 IC 卡刷卡数据，发现工作日出行以健身、接送小孩、购物为主，而休息日出行倾向于探亲访友、休闲娱乐。陈亮等(2022)认为公交的有用性、便利性、技术满意度评价较高时，老年人群更易选择乘坐公交车；同时自身及周边人群对公交车的安全性、主观规范、行为态度具有正向评价时，老年人群会更加侧重使用公交车出行。

（2）残疾人群出行特征

残疾人群由于身体健康原因，是交通弱势群体的主要组成对象，是低行动

力人群中最受社会排斥的子群,国内外学者对残疾人群出行特征的研究相当
重视。

1)国外研究状况

Wasfi 等(2007)认为美国残疾人群出行是活跃的,工作出行比例高达50%,
大约2/3 的残疾人群每周至少参加一次以上的娱乐活动,超过一半的残疾人群
每周都进行一次社会交流活动。他们的调查结果表明:残疾人群由于身体健康
原因,常常无法驾驶私家车(缺乏私家车出行方式的选择),残疾人群更加依赖
其他形式的交通工具;一些残疾人群无法驾驶私家车或没有其他人的帮助,不
得不放弃他们原先计划好的出行活动。Rosso 等(2013)指出美国老年残疾人群
出行行动力受限制与社会交流活动的减少有关。Friedman 等(2016)发现在日
常出行中,美国智力和发育障碍残疾人群常常由于没有合适交通出行工具不得
不放弃出行,而针对残疾人群的国家免费出行帮助服务仅适用于紧要的出行
(如紧急医疗出行),因此他们认为其服务范围应该扩大,进而可以支持更多残
疾人群的出行。Bascom 等(2017)基于对美国残疾人群社会参与活动和交通出
行工具选择之间关系的分析,指出几乎一半以上的残疾人群无法找到合适的交
通出行工具而不得不放弃参加准备去的社会活动,大多数残疾人群认为交通出
行困难阻碍他们日常生活出行。Bezyak 等(2017)认为尽管美国一些特定路线
系统内影响残疾人出行的物理障碍已经基本清除,但残疾人群在公共交通系统
中仍然存在相当多的出行阻碍。Henly 等(2019)利用美国家庭出行调查数据研
究了残疾人群的出行模式,发现出行障碍与购物、社交、工作出行的下降有关,
并指出与那些暂时或最近出现残疾的人群相比,终身残疾人群出差、购物出行
的频率较低。

Penfold(2008)指出相比普通大众的出行特征,英国残疾人群平均出行次数
很少,更加依赖公共交通出行方式。Maynard(2009)指出由于缺乏无障碍交通
基础设施,私家车在英国残疾人群日常出行中起着相当重要的作用。Mogaji 等
(2021)指出英国残疾人群的出行次数比无残疾人群低 26%,同时 53% 的残疾

人群对交通整体和公共交通服务表示不满意。

Weyrer等(2014)针对奥地利残疾人群的物理身体缺陷,设计了基于互联网的门对门应用程序,为身体残疾者提供了无障碍出行路径规划,让他们和无残疾者一样参加社会活动。

Asadi-Shekari等(2013)为了测量新加坡城市区域步行设施满足残疾人群出行需求的能力,提出了残疾人步行服务水平的概念,指出影响残疾人步行服务水平的主要因素有人行道宽度、路面坡度和行人过街信号灯等。

Grisé等(2019)在对加拿大多伦多市残疾人群的公共交通可达性分析中,发现地铁沿线的无障碍可达性较高,而地铁和通勤线路外围一些区域的无障碍可达性较低。

2)国内研究状况

熊志平(2009)指出残疾人群拥有独特出行需求特性,需要得到社会更多的关注、帮助和满足,如增加其社会融入感(残疾人群出行无障碍设施的建设)和其社会参与感(鼓励残疾人群参加社会活动)等。傅如灿(2013)表示无障碍基础设施建设不规范、配套不齐全和数量不足等问题,加之残疾人群存在心理、生理和信心不足的障碍,造成残疾人群出行频率很低,从而导致残疾人群出行中对无障碍设施的使用率很低。蔡言(2016)认为残疾人群出行心理主要表现在心理障碍和心理需求两个方面,如果降低残疾人群心理障碍且满足残疾人群心理需求可以增加他们日常出行次数。黄凤娟(2017)报道,针对盲人乘坐公交车时无法看到车辆和站牌的问题,青岛交运集团自主研发了公交导盲系统,可以帮助盲人规划公共交通出行路径,提高了盲人的公共交通出行主动性。夏菁等(2017)发现残疾人群出行呈现出行频率低、出行范围小和出行目的地集中三大特征,加强残疾人群出行心理健康和增加无障碍出行基础设施是改善残疾人群出行环境的关键对策。王安琪等(2021)分析了残疾人群的出发时刻、出行时长及距离,发现他们日常出行呈现错峰、选择在日落前返程,且出行时长在1 h之内、出行距离为5~10 km。张茫茫等(2022)指出74.64%的残疾人群选择步行

和公交出行,44.29%的出行时间在 0.5 h 之内,超过 1.5 h 的仅占 7.86%;
32.5%的残疾人群选择几乎不出门,47%的残疾人群认为目前的无障碍出行并
不友好。

(3)低收入人群出行特征

由于收入水平有限,低收入人群出行方式选择权较少,给他们的日常出行
带来诸多不便。而发展中国家经济水平较低,国民收入水平普遍较低,近年来
国内外学者逐渐倾向于研究发展中国家低收入人群出行行为特征。

1)国外研究状况

Mallett(2001)分析美国不同收入水平人群长距离出行的出行方式、出行目
的、出行次数以及出行持续时间,发现低收入人群平均出行次数和出行距离是
最低的,其长距离出行的主要目的是探亲访友,而文娱活动很少。Blumenberg
等(2001)表示不少美国低收入工人到达工作地点的出行过程存在很多困难而
且非常依赖公共交通出行工具。Brown 等(2004)通过研究美国低收入人群通
勤出行发现:75%的新增工作在农村,低收入人群工作出行距离一般较长;由于
经济条件有限,低收入人群缺乏长距离出行的交通工具选择权;40%的农村出
行者无法正常享受公共交通出行服务,很多低收入政府福利领取者出行困难不
得不放弃福利金。Giuliano 等(2005)在分析了美国低收入人群日常活动中公共
交通出行特性后,指出公共交通服务质量和可达性差,制约了低收入人群的公
共交通出行。

Freeman(2009)全面研究了面向低收入人群出行需求的世界交通项目,即
在发展中国家,加强低收入人群到达就业中心、医疗和学校的公共交通服务可
达性,主要交通组织策略包括增加公交车额定载客量和降低公交车票价。

Srinivasan 等(2005)基于印度某城市低收入人群的出行调查数据,把低收
入人群分为两类(紧挨市中心和其外围地区的低收入家庭),并分析了低收入家
庭的出行频率和出行方式选择。他们的研究结果表明:交通服务可达性对低收
入人群的出行行为影响很大,交通方便快捷、紧挨市中心的低收入家庭比中心

外围地区的低收入家庭更倾向于选择步行和自行车出行。Salon 等(2010)指出大多数居住在贫民区的印度贫穷人群常常负担不起任何机动车交通工具,不得不选择步行出行;而印度非贫穷家庭,出行方式选择权较多,比贫穷家庭在出行中存在的困难少。Chikaraishi 等(2016)在分析印度城市和农村贫困人群之间出行目的和出行时间的不同后,认为相比城市贫困人群,农村贫困人群不得不花费很长的出行时间去完成必要的出行目的(如上学和工作等),常常由于出行时间太长而不得不放弃不必要的出行目的。

Combs(2017)通过分析低收入人群出行目的与快速公交可达性之间的相互关系,指出哥伦比亚都市快速公交系统的建设,没有如同期待中那样改善低收入人群公共交通出行环境。

Lucas 等(2018)分析了英国贫困地区通勤者出行行为与当地建成环境、社会因素之间的关系,得出街道连通性、公交服务水平、社区安全对他们日常出行的地理空间变化具有显著影响。Tortosa 等(2021)指出与高收入人群相比,低收入人群很少参与公共自行车运动,同时他们还认为低收入人群使用休闲自行车出行的频率较高,而高收入人群使用休闲自行车出行的距离较远。

2)国内研究现状

顾克东等(2011)指出低收入人群在出行方式选择时对交通服务的价格比较敏感;居住于郊区的低收入人群通勤出行距离较长,对公共交通工具依赖性极强;我国公共交通基础设施不完善造成低收入人群出行中存在诸多困难。李蕾(2014)首先对大城市低收入人群进行了出行感知成本的问卷调查,然后基于对低收入人群出行货币成本和出行时间成本的相关分析,提出了一系列改善低收入人群非个体机动交通出行环境的交通组织策略,即降低常规公交票价、拓宽人行道和合理规划非机动车道。Cheng(2016)在凭借社会属性和活动属性分析低收入人群的通勤出行方式选择特性后,为交通规划者提供了改善低收入人群通勤出行环境的交通对策。刘派诚(2017)发现大多数低收入人群对当前交通出行环境表示不满,尤其对居住区周边公共交通基础设施不完善和公交车发车频率过低表示不满。张弛等(2018)指出低收入人群多数居住于郊区,出行主要依靠步行和公共交通工具,普遍存在平均出行时间长、活动空间小和出行目的单一等出行特性。柳文燕等(2020)在对城市低收入人群出行行为分析中,发现出行时段、出行费用、出行优先政策、出行目的对低收入人群出行方式选择具有显著影响。罗吉等(2021)指出低收入人群主要采取步行、骑行及公共交通等低成本方式进行通勤,且他们的平均通勤时间、通勤距离均低于当地的平均出行水平。

1.2.2 多模式交通网络设计方法

交通网络设计一般分为正常状态下和非正常状态下的优化设计研究,多模式交通网络设计方法可分为多模式常态交通网络设计和多模式疏散交通网络设计两个部分。

(1)多模式常态交通网络设计

在城市出行活动中,单一的出行方式难以满足城市居民日常出行需求,多模式交通出行日趋成为主流,国内外学者对多模式交通网络设计方面研究的关注越来越多。

1)国外研究现状

Abdelghany(2001)分析了包含小汽车、公交车、地铁、高乘载车辆的多模式交通网络,基于动态仿真模型,对一条快速路辐射区域的交通网络进行了相关评价,采用迭代加权法(Method of Successive Average,MSA)和 k 最短路径法对仿真模型进行求解。Florian 等(2002)以智利圣地亚哥市为案例,通过静态交通分配(Static Traffic Assignment,STA)方法对步行、小汽车、公交车、地铁 4 种模式的交通流进行分配,构建了与静态交通均衡模型等价的变分不等式,使用高斯-塞德尔迭代法对该模型求解。García 等(2002,2005)把多模式静态交通流分配描述为等价的变分不等式(Variational Inequality,VI)模型,从而求得多模式交通系统下总出行成本最小化的目标方案。Ho 等(2003,2004)在固定出行需求下，建立了非线性互补模型，对小汽车、公交车和地铁 3 种交通模式进行静态交通流分配，利用迭代加权法对模型求解。Lam 等(2007)在构建超级网络的基础上，考虑小汽车和地铁之间的换乘网络，建立与静态交通均衡条件等价的变分不等式，采用高斯-塞德尔迭代法进行求解。Verbas 等(2016)在分析小汽车和公交车两种交通模式网络之间的结构特点后，构建了考虑 OD(Orgin to Destination)出行需求的非集聚交通流分配模型，同时提出了一种基于出行方式选择和公交客流分配之间迭代反馈的求解算法。Di 等(2017)通过分析小汽车、小货车、大货车、公交车和摩托车 5 种交通模式之间的相互影响，发现在多模式交通网络上设置"换模弧"可以描述不同交通模式之间转换，在此基础上，构建了动态网络需求加载模型，并使用一般迭代法对模型进行求解。Pinto 等(2020)以芝加哥大都会区的过境旅客需求和多模式交通网络为例，使用双层数学规划公式对联合交通网络和机动服务车队进行建模，通过动态组合模式解决过境旅客的分配问题，同时利用启发式算法对模型求解。Patwary 等(2021)分析以家庭成员互动、汽车共享、车辆互动等方面为主的微观交通流模拟模型，采用元模型辅助仿真优化方法校准多模式微观交通网络，并提出一种基于梯度信息与近似函数结合的算法优化方案。

2)国内研究现状

基于超级网络和网络均衡理论，李志纯和黄海军(2005)构建了与小汽车和地铁交通网络均衡条件等价的静态变分不等式模型，同时讨论了模型解的唯一性和存在性，并利用迭代加权法对模型进行求解。Liu 等(2009)为了描述出行者出行方式选择和停车换乘行为，建立了小汽车和地铁静态交通连续均衡模型，采用 Frank-Wolfe(F-W)算法对模型进行求解。Si 等(2012)通过分析城市多方式(小汽车、公交车、自行车)联运系统的结构特点，用双层规划模型描述了考虑不同出行方式之间相互影响的多模式静态交通网络优化设计问题，并采用迭代加权法对模型进行求解。孟梦(2013)在分析多方式交通网络下的出行特征后,构建了多方式静态和动态交通分配(Dynamic Traffic Assignment,DTA)模型,都描述为等价的变分不等式,同时分别介绍了连续权重平均法(Method of Successive Weight Average,MSWA)和随机动态需求加载迭代法的模型求解过程。韩凌辉(2014)为了研究多模式交通网络条件下出行者出行方式选择特性,建立了双模式交通网络下的逐日动态交通流分配模型,并讨论了公交车和私家车出行方式之间不对称相互作用对双模式交通系统稳定性的影响。帅斌等(2015)在探索限速条件下私家车、公交车、地铁交通流分配问题中,构建了与多模式静态交通均衡条件等价的变分不等式模型,采用网络需求加载迭代法对模型进行求解。黄健(2016)结合拼车、自驾车和公交车3种交通模式网络的结构特点,建立了多模式静态交通流分配模型,利用与变分不等式相关的方法对模型进行求解,同时得到包含高承载车道的多模式交通网络优化设计方案。刘雪尘(2017)在分析基于博弈论的出行者路径选择行为特性后,构建了基于博弈论的公交车、地铁、小汽车动态路径选择模型,并使用遗传算法对模型进行求解。于晓桦等(2018)将多模式复合网络转化为多级网络结构,建立了公交车、轨道、小汽车静态交通流分配模型,采用迭代加权法对模型进行求解。王炜等(2021)分析步行、自行车、机动车、公共交通等多模式的交通网络,提出城市交通网络交通分配一体化的族谱体系,在此基础上构建覆盖分配模型,并依托交通分析软件对其求解。徐光明等(2022)分析摩托车禁行方案下的用户多模式出行选择行为,建立私家车、常规公交、摩托车3种模式的交通网络均衡模型,采用基于相继平均的路径配流算法对模型进行求解。

(2)多模式疏散交通网络设计

应急疏散中的多模式疏散交通网络设计研究主要集中在对私家车与公共交通工具两种疏散方式间路权分配上的博弈竞争关系描述与分析。由于研究起步较晚,疏散条件下的多模式交通网络设计文献相对常态下的较少。

1)国外研究现状

Xie等(2009)分析了私家车辆与应急车辆两类方式的交通分配与网络优化

问题,认为应急车辆需要享有较多的路权,规划设计者应该保留部分车道供其顺畅运行。随后,在剔除疏散专用车道后的疏散网络中,他们构建了基于双层规划的私家车交通疏散网络优化设计模型,其中,上层规划通过冲突消除和可逆车道的设置实现了总疏散时间最小化,下层规划运用用户均衡模型描述了疏散者路径选择过程。Naghawi 等(2010)基于交通分析仿真系统(Transportation Analysis and Simulation System,TRANSIMS)的应用,把平均疏散时间和总疏散持续时间作为评价指标,建立了私家车与公共交通协同疏散的仿真模型。Di (2011)通过构建动态交通流分配模型来解决多模式交通疏散问题,标定了私家车和公共交通在行驶速度、空间占有率和最大载客数等方面的换算系数,并将其作为参数输入中观动态交通流分配模型。Vanlandegen 等(2012)对包含地铁与私家车的多模式交通疏散问题进行了研究,他们通过 VISSIM 仿真软件的应用,构建了以美国五角大楼为疏散背景的仿真模型,同时根据疏散目的地选择结果和出行方式疏散需求分配结果提出了多种多模式疏散方案,并对不同方案下疏散车辆的等待时间和清空时间进行了相关分析。Goerigk 等(2014)为了减少疏散车辆的疏散时间和疏散风险,建立了同时考虑疏散终点、公共交通路径和私家车路径选择的多模式疏散交通网络优化设计模型,描述了基于遗传算法的模型求解过程。Alam 等(2021)针对大规模疏散的公交车和校车,采用一种综合的全模式疏散决策支持工具(All-Mode Evacuation Decision Support Tool, AMEDST)来建立交通疏散微观模拟模型,利用动态编程算法对模型进行求解。Kabir 等(2023)通过分析加拿大哈利法克斯市潜在的疏散交通网络后,提出将疏散建模问题转化为多目标和单目标优化问题,同时使用启发式算法对其求解。

2)国内研究现状

Wang 等(2013)在多模式疏散交通问题中考虑了不同疏散方式之间的优先疏散问题和可逆车道设置问题,构建了双目标优化设计模型,其中,首要目标是使不同方式疏散者的总疏散时间最小化,次要目标是使可逆车道的设置时间最小化。华璟怡等(2014)为了提高多模式交通网络的整体疏散效率,提出公交导向下的可逆车道设置策略,建立了基于公共交通和私家车的双层网络优化模型,并采用梯度算法进行求解。Huang 等(2016)在地铁、公交车和小汽车交通疏散问题研究中,构建了多成员(疏散策略、元胞自动机和信号控制)的仿真优化模型,最终抑制了疏散中过饱和状态的蔓延,从而提高了多模式疏散交通网络的整体疏散效率。Lu 等(2020)针对疏散交通系统中的按需交通供应和拼车服务优化,提出一种两阶段模型:第一阶段是根据车辆时空顶点和弧来构建车辆时空超维网络;第二阶段是凭借车辆、空间、时间网络来建立一个时间离散化的多骑手多驾驶员网络流量模型。刘家林等(2022)在分析疏散交通网络的动态性和风险性后,以最小化疏散总风险为目标,建立多模式疏散交通车队配置与车道分配协调优化的动态疏散优化模型,同时采用 Nguyen-Dupuis 路网和调用 GUROBI 9.2 程序包进行求解模型。

1.2.3 公共交通路径选择算法

公共交通路径选择算法可划分为传统数学规划法和启发式算法。传统数学规划方法以公共交通网络相关指标为决策变量,基于非线性规划法从定量角度确定公交路径选择配置,其优点是可以得到最优解,其缺点是仅适用于小规模道路网络。2000 年以前,很多研究学者在利用传统数学规划方法解决公共交通路径选择问题上作出了贡献。启发式算法是交通规划者运用自己的感知和洞察力,从公共交通系统相关知识中得到启发,发现解决公交路径选择问题的思路和途径,进而得到近似最优解。当公交网络规模增大时,公交站点随之变多,运算时间将呈指数增长,就会转化成为 NP 问题,传统数学规划方法在处理公共交通路径选择问题上难以奏效。随着公共交通的飞速发展,公共交通网络规模不断扩大,启发式算法逐渐取代传统数学规划法来解决公共交通路径选择问题,其中,最常用的启发式算法有模拟退火算法(Simulated Annealing Algorithm,SAA)、遗传算法(Genetic Algorithm,GA)、蚁群算法(Ant Colony Algorithm,ACA)和禁忌算法(Tabu Algorithm,TA)。

（1）模拟退火算法

退火是一个物理过程,在解决公共交通路径选择问题中可以描述为:路径选择配置是基于一定的退火规则从低效配置向高效配置转化(高效配置向低效配置转化存在一定的随机性,高效路径配置向低效路径配置转化概率会很小)。模拟退火算法中尽管存在退火规则,但其过程本质上还是当找到高效路径配置方案时即放弃低效路径配置方案。模拟退火算法常常容易得到局部最优方案,优化质量低,但优化持续时间短。

1）国外研究方面

Fan 等(2006)构建了基于多目标的公共交通网络优化模型,采用模拟退火算法进行求解,并使用遗传算法的运算结果验证了模拟退火算法的性能。

2）国内研究方面

刘晓禹等(2010)为了在现有公交网络基础上拟铺设新公交线路,建立了以满足最大公共出行需求的路径选择优化模型,利用模拟退火算法对模型进行求解。陈少华(2018)通过分析国内公交车辆调度问题的研究现状,提出了基于模拟退火法的公交车辆调度优化模型,并通过多条公交线路的实例演示对模拟退火算法进行了验证。赖元文等(2021)针对公交线路实际客流数据反映的客流特征,提出面向公交公司和乘客双方利益的公交调度优化模型,采用模拟退火-自适应布谷鸟算法对模型进行求解。

（2）遗传算法

遗传算法是借鉴生物进化论,将解决问题过程描述为生物进化过程,在公共交通路径选择问题中可以描述为:通过复制操作形成公交路径配置母体,然后对母体进行交叉和突变操作产生多个公交路径配置子体,逐渐淘汰适应度函数值(目标值)低的路径配置,经过 N 次迭代后就会找到近似最优解的公交路径配置方案。遗传算法对优化问题没有太多数学要求,可以灵活地应对各种特殊的公共交通路径选择问题,其多次的进化迭代能够得到全局最优方案。但是,当优化网络增大时,遗传算法的收敛速度将会呈指数减少。

1)国外研究方面

Chien 等(2001)在求解公共交通网络优化设计问题中,为确定公交线路配置和发车频率,构建了考虑用户成本和运营商成本的目标函数,采用遗传算法对问题进行求解,并使用穷举法验证其算法性能。Ngamchai 等(2003)在使用遗传算法求解公交路径选择问题中,为了在合适的时间内得到优化方案,设计了 7 个遗传算子,并将其应用在一个基准网络上,进而验证了算法的性能。Fan 等(2006)利用遗传算法解决了可变公共出行需求下的公交网优化设计问题,通过算例演示验证了算法性能,并基于灵敏度分析探讨了公交网络特性(线路规模、需求集聚和网络重构)。Nayeem 等(2014)提出了精英遗传算法去求解公交网络优化设计模型,建立了寻求未满足服务乘客、换乘乘客和满足服务乘客总出行时间最小权重和的目标函数;在与其他遗传算法比较中,结果显示精英遗传算法的性能优于其他遗传算法的性能。Pternea 等(2015)为了优化电动和燃油公交车共存的公共交通网络系统,提出了考虑用户成本、运营商成本和环境成本的目标函数,并采用遗传算法对模型进行求解。Komijan 等(2021)在分析公交网络的最佳设计和路线后,提出一个以最大限度地减少运输成本和出行时间为目标的混合整数模型,并采用遗传算法对模型进行求解。

2)国内研究方面

刘好德等(2007)提出了一种改进的遗传算法去求解公交线网优化设计问题,在验证算法性能时发现:改进算法可以克服遗传算法前期收敛速度快和后期收敛速度慢的问题。Szeto 等(2011)探讨了郊区公交路径选择优化问题,构建了使换乘次数和用户总出行成本最小化的目标函数,提出了一种基于频率邻域搜索的遗传算法,并通过真实案例对模型可行性进行论证。马雁等(2015)为了提高遗传算法在公交调度模型求解中的优化效率,对遗传算法中初始化、算子编码和交叉操作进行了改进,并通过仿真实验检验了算法的有效性。邓芳玥等(2017)把一种改进的遗传算法应用在公交车辆智能调度中,可以最大化地提升运营商利益和用户乘车服务水平。Sun 等(2018)为了让所有公交站点乘客都可以直接到达火车站,把需求响应下接驳公交调度优化模型描述成混合整数线性规划问题,并通过改进的遗传算法进行了求解。裴玉龙等(2021)分析常规公交的出行服务质量,构建考虑车内拥挤状态的公交弹性发车间隔优化模型,同时采用遗传算法对模型进行求解。张思维等(2022)针对公交客流量易受天气影响、不同时间段客流量变化程度相差较大等问题,提出了一种基于车辆运行成本、乘客出行成本为目标的公交调度模型,并利用多目标遗传算法对其求解。

（3）蚁群算法

蚁群算法是从蚁群寻找食物中受到启发而形成的算法,在公共交通路径选择问题中可以描述为:多只蚂蚁为获得食物(与信息素和目标值有关)搜索从公交起始站到公交终点站的路径,并在沿途留下信息素,经过多次搜索的信息素聚集,最终形成获得食物最多的最短路径。其优点是每次搜索中多只蚂蚁同时搜索,运算时间短,概率搜索方式易于找到全局最优方案;缺点是需要已知公交线路的起始站和终点站。

1）国外研究方面

Teodorović 等(2005)为了减少公交网络中的换乘次数和换乘等待时间,构建了公交同步调度优化模型,提出了一种基于模糊逻辑的蚁群算法去求解模型,并通过算例演示验证了算法的有效性。Kuan 等(2006)展示了蚁群算法解决接驳公交网络优化设计问题的过程,基于不同启发式算法之间的优化结果对比发现:蚁群算法和遗传算法的优化效率最优(优化质量和运算时间适中),但随着网络规模的增大,蚁群算法逐渐强于遗传算法;模拟退火法优化质量最差,但运算时间最短;禁忌算法优化质量最优,但运算时间最长。Arias-Rojas 等(2012)采用蚁群算法解决了哥伦比亚一所学校的校车路径选择问题,结果显示:优化模型的使用可以分别在早上和下午减少 8.3% 和 31.4% 的校车出行时间。Yigit 等(2016)同样采用蚁群算法求解校车路径选择优化问题,并开发出一款同步软件为学生规划最佳校车等待位置和出行路径。Rehman 等(2018)针对智能城市环境下的交通优化系统,提出了一种蚁群优化算法来解决车辆拥堵问题,以得出道路的最大流量、速度以及最佳密度。Calabrò 等(2020)为弥补需求薄弱地区公共交通覆盖率和乘客量之间差距的支线公交路线,提出了以最大化乘客潜在需求为目标的公交线路优化模型,同时利用蚁群算法进行求解。

2)国内研究方面

Yu 等(2005)为了实现公交线路单位长度换乘量最小和满足最大客流需求,构建了相应的公交线网优化模型,提出了基于粗粒度的并行蚁群算法,并通过算例和实际案例验证了模型的可行性和算法的有效性。随后,Yang 等(2007)和 Yu 等(2012)基于相似的算法和案例背景,对不同的公交线网优化问题进行了相关研究。陆乾杰等(2016)为了解决城市区域中最后一公里公交出行难的问题,建立了基于客流需求导向下的社区公交线路优化模型,同时提出了一种基于蚁群算法的多起点多终点的路径选择方法,并通过仿真算例验证了模型的可推广性。缪志勇(2016)构建了车联网平台下的公交调度系统优化模型,采用蚁群算法进行仿真实验从而验证了模型的可行性。黄志敏(2021)针对需求响应式公交路径优化问题,建立了以最小化运营成本为目标的公交车辆路径规划模型,并利用基于全新启发式计算规则和信息素计算规则的蚁群算法对模型进行求解。

(4)禁忌算法

禁忌算法又称爬山启发式算法,是一种基于存储记忆的随机搜索算法,在公共交通路径选择问题中可以描述为:首先确定一个可行的公交线网方案,通过对其进行一些特定搜索得到多个候选公交线网方案,并从中选择目标值高的公交线网方案作为下次被搜索方案(使公交网络方案逐渐向目标值高的方向移动);为避免陷入局部搜索,会采用一种灵活的"存储记忆"技术对已搜索过的公交线网方案进行记录,存储记忆器称为禁忌表。与遗传算法相似,禁忌算法容易理解和实现,具有较强的通用性;与模拟退火法相似,禁忌算法局部搜索能力强,全局开发能力弱,搜索结果一定程度上依赖初始可行公交线网方案的优劣,但由于禁忌表的存在,其优化质量强于模拟退火法。在初始可行公交线网方案逼近最优方案时,可以优先选择禁忌算法。

1)国外研究方面

Fan 等(2008)展示了禁忌启发式算法去求解可变公交需求下公交网优化设计问题的过程,采用与 Fan(2006)相同方法验证了其算法的性能。Ruisanchez 等(2012)在研究公共交通路径选择问题中,为了优化公交线路长度和发车频率,构建了基于禁忌算法的双层规划模型,并应用于西班牙桑坦德市的公共交通网络,进而论证了模型的可行性。Giesen 等(2016)建立了基于禁忌算法的公交路径选择模型,从而得到用户和运营商成本最小化的公交线网方案,并通过真实案例验证了模型的可行性和算法的有效性。Sargut 等(2017)在公交线网优化问题中,构建了考虑人员安排和公交车辆分配的多目标函数,采用禁忌算法进行求解,并通过算例演示讨论了算法性能。Uvaraja 等(2020)在分析乘客需求和运营商偏好后,提出一个以最小化公交车数量、乘客等待时间的混合整数多目标模型,并利用多重禁忌算法对模型进行求解。

2)国内研究方面

白子建等(2006)针对传统数学规划方法在求解公交线网优化模型中的局限性,提出了基于禁忌算法的优化设计模型,并通过算例验证了其有效性。周骞等(2015)在解决公交车辆调度问题中,采用禁忌算法获得新候选方案,充分发挥了其局部搜索优势,提高了公交线路调度设计方案的优化质量。孙峣(2018)在研究实时动态下公交专用道网络布局问题中,采用禁忌算法对基于双层规划法的公交专用道设置优化模型进行了求解。奇格奇等(2022)分析以连接地铁站点为目的的短途接驳服务后,建立多轮次带软时间窗的车辆路径规划模型,并采用禁忌搜索算法对模型进行求解。

1.2.4 目前研究存在不足

在系统回顾与本书相关的研究后,发现基于低行动力人群出行需求的多模式交通网络设计的研究主要存在以下3个方面的不足。

(1)国内少有对低行动力人群出行需求的系统分析

目前,仅 Jansuwan 等(2013)把老年人、残疾人和低收入人群作为一个低行动力人群整体进行了系统的出行需求评估。Jansuwan 等(2013)的分析结果为很多交通规划专家(希望了解和改善低行动力人群出行环境)提供了重要的理论依据,越来越多的学者把他们的文章作为参考去继续研究低行动力人群出行行为的相关知识。然而,我国却少有类似的和作为整体的低行动力人群出行需求研究分析。

(2)多模式常态网络设计中未体现出对非个体机动交通系统的重视

对多模式常态交通网络优化问题的研究已经相当成熟,相关文献在多模式交通网络之间的结构分析、多模式交通流分配以及模型求解算法上已经取得很大成就。但现有研究对低行动力人群出行中存在困难的问题重视不足,很少考虑低行动力人群出行主要依赖非个体机动交通组织策略设计和出行环境,进而在构建模型中很少考虑低行动力人群和普通大众出行路权分配的博弈竞争关系。这与我国低行动人群规模庞大,出行中存在诸多问题的现状不符。

(3)多模式疏散网络设计中缺乏对背景交通量的考虑

传统多模式疏散交通网络设计研究集中于微观层面上多种交通模式间的协同疏散,主要关注私家车疏散效率,而对公共交通疏散效率重视不足。近年来,国内外一些学者逐渐开始重视低行动力人群极度依赖公共交通疏散工具和疏散效率低的现象,关注私家车与公共交通网络之间疏散路权分配的博弈竞争关系,并设计了相关的疏散交通组织策略。但其研究模型和交通组织策略忽视

疏散交通和背景交通之间的相互影响,仅适用于大型灾害条件下的疏散过程
(背景车辆会转化为疏散车辆),不适合其他需要考虑背景交通的疏散情况。

1.3　研究内容和结构

本书拟以改善低行动力人群交通出行环境为目的,分析低行动力人群出行
需求,研究常态和疏散条件下多模式交通组织策略,探讨多模式交通网络优化
模型与算法,具体结构如图 1.1 所示。本书划分为 7 个章节:

第 1 章　绪论

阐述研究的背景、意义、综述、内容、结构、方法和技术路线。

第 2 章　低行动力人群出行需求分析

首先在温岭市展开大规模居民出行调查和专门针对残疾人出行的补充调
查;然后以居民出行特性(包括社会经济、出行目的、出行方式、出行频率和出行
时间)和公共交通可达性为评价手段,详细地分析我国低行动力人群出行需求
特征;最后得到我国低行动力人群出行需求分析结果,为多模式交通组织策略
设计和网络设计提供理论支持。

第 3 章　多模式交通组织策略设计方法

以低行动力人群出行需求分析结果为支撑,优先满足低行动力人群出行需
求为目的,分析时空范围内低行动力人群与普通大众在多模式交通网络中的路
权分配,结合现有的交通组织策略,针对常态和疏散交通存在的出行需求差异,
分别提出优先保障低行动力人群常态下非个体机动交通出行路权和疏散条件
下公共交通疏散路权的交通组织策略,并确定两种交通状态下多模式交通组织
策略的初步适用条件和实施效应。

第 4 章　常态下多模式交通网络设计模型

基于多模式常态交通组织策略的研究,以改善低行动力人群交通出行环境

为导向,构建了基于低行动力人群出行需求的多模式常态交通网络设计模型,包括常态公交路径选择、随机用户静态平衡分配和常态策略选择 3 个子模型。其中,常态公交路径选择的目标是以优先满足低行动力人群公共出行需求,其求解方法是混合的启发式算法(蚁群算法和遗传算法);随机用户静态平衡分配的目的是对步行、非机动车和私家车交通进行静态分配,其研究过程是分析常态下多模式交通费用函数,建立与随机用户平衡理论等价的变分不等式模型,采用连续权重平均法(MSWA)进行求解;常态策略选择是在多模式常态可行交通组织策略确定的情况下,利用禁忌算法对其进行二次优化,从而得到多模式常态交通组织优化策略。

第 5 章 疏散条件下多模式交通网络设计模型

基于多模式疏散交通组织策略的研究,以增强低行动力人群疏散能力为导向,在考虑背景交通的情况下,建立基于低行动力人群出行需求的多模式疏散交通网络设计模型,包括疏散公交路径选择、随机用户动态均衡分配和疏散策略选择 3 个子模型。其中,疏散公交路径选择把可行通行能力密度作为指标来考虑背景交通量,采用蚁群算法寻求可行通行能力密度最大化和路径最小化的公共交通疏散路径和驶回路径;随机用户动态均衡分配的目的是对私家车疏散交通流进行动态分配,其研究过程是利用 Logit 模型来描述出行者对出发时间和出行路径选择的偏好,建立与随机用户平衡理论等价的变分不等式模型,采用随机动态交通网络加载的迭代方法进行求解;疏散策略选择是在多模式疏散可行交通组织策略确定的情况下,利用禁忌算法对其进行二次优化,从而得到多模式疏散交通组织优化策略。

第 6 章 案例分析

以温岭市调查区域的道路网为背景形成多模式交通网络,分别进行基于低行动力人群出行需求的多模式常态和疏散交通网络设计模型的案例分析,同时验证模型中相关算法的有效性;对多模式常态和疏散交通网络优化设计方案进行评价,检验多模式交通网络设计模型的可行性和多模式交通组织策略的实用性。

第7章 结论与展望

归纳总结本书的研究内容、研究成果和主要创新点,并展望未来的研究工作。

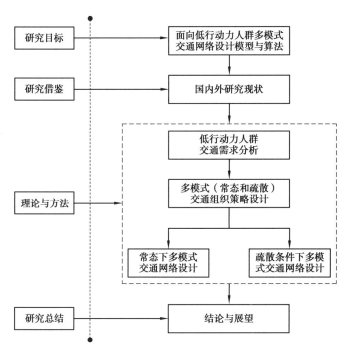

图1.1 本书结构示意图

1.4 研究方法及技术路线

本书融合交通规划、交通地理、交通工程、道路设计和运筹学等多种学科的相关知识,采用"定量和定性分析相结合,数学模型求解和计算机程序辅助相结合,理论建模和实例分析相结合"的研究方法,首先对低行动力人群出行需求进行评估,其次研究多模式常态和疏散交通组织策略设计方法,然后构建基于低行动力人群出行需求的多模式常态和疏散交通网络优化设计模型,最后通过实际案例对多模式常态和疏散交通网络设计模型进行分析与评价。

本书技术路线如图1.2所示。

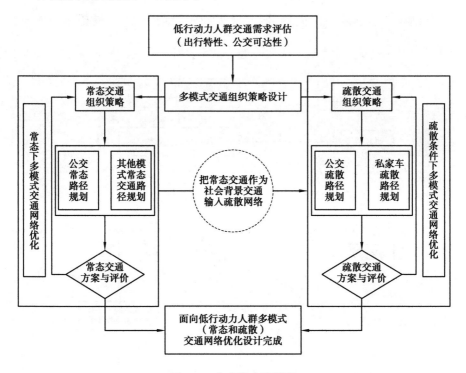

图1.2　本书技术路线图

第2章　低行动力人群出行需求分析

出行需求分析影响着交通规划者及相关部门的决策,交通组织策略研究及网络优化设计离不开精确的出行需求分析。低行动力人群交通出行行为与普通大众交通出行行为存在诸多不同,然而,我国尚没有对低行动力人群出行需求进行系统分析。本章依托相关城市综合调查项目,对调查范围内的低行动力人群进行出行需求分析。

2.1　交通调查

本章需要同时分析低行动力人群和普通大众的出行需求,相关居民出行OD调查样本必须是大规模的。Kunert 等(2002)在对比 10 个国家的全国居民出行调查研究后,发现大规模调查的调查方法与数据收集手段基本是相似的,还发现政府机构的支持对调查执行力度和效率有着非常重要的影响。基于Kunert 等(2002)总结的调查方法和数据收集手段,研究小组在温岭市轨道交通线网规划区域进行了居民出行 OD 调查。

如图 2.1 所示,与温岭市其他区域相比,调查区域属于温岭市经济发展水平高和人口密度高的区域,包括城市区域(太平、城西、城东、城北和横峰街道)和乡镇区域(泽国镇和温峤镇以及大溪镇内的温岭高铁站范围)。在调查范围内,居民和商业活动主要集中在城市区域,自南向北不断减少,接下来是乡镇区域。调查受访者主要是 10 岁以上可以独立交通出行的居民,包括普通大众

（General Public，GP）和低行动力人群，其中低行动力人群包括 3 个子群：老年人群、残疾人群（持有残疾证的）和低收入人群。为了保证受访者熟悉当地的交通环境，受访者必须在调查区域内居住 6 个月以上。

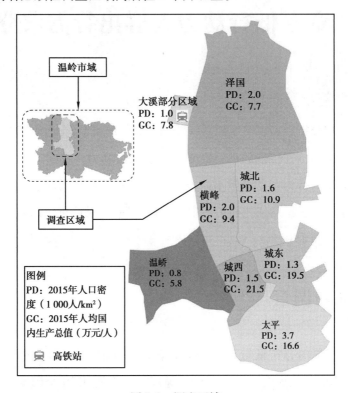

图 2.1　调查区域

据统计，温岭市大约有 16.85% 的人口是 60 岁以上的老年人，1.98% 的人口持有残疾人证书。相关文件中，缺乏对低收入人群的精确统计信息，仅发现政府给城市和农村贫困家庭分别提供每月 702 元和 572 元的补助，这些人群大约占温岭市总人口的 0.75%。基于调查数据和研究需要，设定家庭年收入低于 5 万元的人被划分为低收入人群。

在调查过程中，受访者需要填写居民出行行为调查问卷：提供人口统计信息，包括家庭地址、户籍类型（农村/城镇）、性别、年龄、生活状态（以收入来源为依据划分为 4 类）、家庭收入水平、是否拥有私家车和是否持有残疾证（如果有，残疾种类和残疾程度);提供交通出行信息,包括出行起点、出行终点、出发时间、到达时间、出行目的、出行方式和出行次数。其中,一次出行是指一个人从一个地点到达另一个地点,且步行出行时间最少 5 min 或者自行车出行最少 400 m。这些信息将会在 TransCAD 4.5 软件中进行处理,进而评估受访者的出行需求。

调查主要包括两个部分:①大规模居民出行调查;②残疾人出行补充调查。在大规模调查中,根据城市综合交通体系规划交通调查导则,确定预计调查人数为 13 500 人(调查问卷分发数量),其中城市和乡镇的抽样率分别为 3.5% 和 2.5%。在温岭市人民政府支持下,温岭市发展和改革局指派 100 名调查员(当地居委会或村委会的工作人员)来辅助调查。研究小组通过培训和指导的方式,使调查员了解调查背景、调查目的、面对面调查的方式和调查中常见的问题。为了增加调查的准确性,研究小组在确认调查问卷为有效调查信息后,每份奖励调查员人民币 3 元。在大规模居民出行调查结束后,发现收集到的残疾人调查信息数量不足,没有达到预定的 2%(温岭市持证残疾人所占比例)。研究小组进行了残疾人出行补充调查:选取特殊一天(持证残疾人或其亲属需要来温岭残疾人联合会办事),调查员(温岭残疾人联合会工作人员,同样参与了研究小组的培训和指导)对他们进行面对面调查。由于残疾人出行补充调查问卷数量较少,每份有效调查问卷奖励调查员人民币 10 元。

本次调查成功收集到 13 149 份调查数据,在研究小组审核后,发现 11 871 份有效数据来自大规模居民出行调查,142 份有效数据来自残疾人出行补充调查。调查有效率明显高于其他调查有效率(其原因主要是政府部门的大力支持和相关的物质奖励),总体是 86.11%,其中,大规模居民调查有效率是 86.01%,残疾人出行补充调查有效率是 94.67%。低行动力受访者人数分布如图 2.2 所示,老年人群、残疾人群和低收入人群分别占受访总人数的 13.22%、2.20% 和 27.85%,这些比例分别与 3 个低行动力子群在温岭市的人口比例吻合。其中,绝大多数低行动力受访者(3 346 人)处于低收入状态,大约 45% 的老年和残疾受访者是低收入的;仅有大约1%的低行动力受访者同时存在3种低行动力状况(老年、残疾和低收入)。

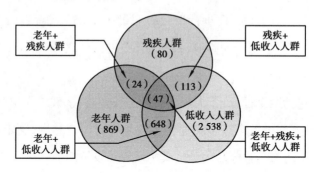

图2.2　低行动力受访者人数分布

2.2　出行行为特性

2.2.1　社会经济

所有受访者(All)和低行动力受访者(LMI)的社会经济特性见表2.1,低行动力和普通受访者之间特性对比结果如下:

①低行动力受访者的农村户籍比例(77.66%)大于普通受访者的农村户籍比例(64.68%)。

②低行动力受访者的未雇佣率(23.80%)大于普通受访者的未雇佣率(19.34%)。

③老年和残疾受访者的低收入比例分别是43.77%和60.61%,但是所有受访者的低收入比例仅为27.85%。

这些结果表明:我国低行动力人群比普通大众的农村户籍比例高,就业率低,收入水平低。与Jansuwan等(2013)所描述的相比,本次调查区域内的低行动力人群就业率低且收入水平低,主要原因是我国与发达国家的经济发展水平存在一定差距。

其他分析结果显示,低行动力受访者平均家庭人口(2.61 人)小于普通受访者平均家庭人口(3.20 人)。老年人、残疾人和低收入人群平均家庭人口分别为 2.40 人、2.61 人和 2.68 人,由此表明老年人群要么单独居住,要么和老伴居住,如果他们不会开车或者没有能力开车时,将面临很多的交通出行困难。56.44% 的残疾人是严重或者中度残疾,且绝大多数患有物理、精神和智力残疾,导致满足他们的出行需求需要特殊出行工具或者必要的出行帮助支持。

受访者社会经济显著特性见表 2.1。

表 2.1　受访者社会经济显著特性

类别		数量(All/LMI)	%(All/LMI)
性别	男	6 510/2 076	54.19/51.93
	女	5 503/2 243	45.81/48.07
户籍类别	农村	7 770/3 354	64.68/77.66
	城市	4 243/965	35.32/22.34
年龄/岁	10～19	1 409/407	11.73/9.42
	20～29	1 602/474	13.34/10.97
	30～39	2 587/539	21.54/12.48
	40～49	2 673/607	22.25/14.05
	50～59	2 154/704	17.93/16.30
	60 以上	1 588	13.22/36.77
生活状态[a]	学生	1 576/454	13.12/10.51
	工人	6 675/1 680	56.40/38.90
	没有雇佣人员	2 323/1 028	19.34/23.80
	退休人员	1 339/1 157	11.14/26.79

续表

类别		数量(All/LMI)	%(All/LMI)
家庭收入/元	少于 10 000	332	2.76/7.69
	10 000~19 999	613	5.10/14.19
	20 000~49 999	2 401	19.99/55.59
	50 000~99 999	4 526/608	37.68/14.08
	100 000 以上	4 141/365	34.47/8.45
家庭人数/人	1	769/277	6.40/6.41
	2	3 832/2 071	31.90/47.95
	3	3 808/1 309	31.70/30.31
	4	2 523/487	21.00/11.28
	5	661/90	5.50/2.08
	6 以上	420/85	3.50/1.97
残疾程度[b]	无残疾	11 749/4 055	97.80/93.89
	重度和中度残疾	149	1.24/3.45
	轻度残疾	115	0.96/2.66

注:a. 老年人在退休后可能会继续在原单位工作或者找到其他工作,这些老年人被归类为"工人"而不是"退休人员"。

b. 残疾程度的划分源于中华人民共和国残疾标准。

2.2.2 出行目的

为了更好地与 Jansuwan 等(2013)描述的出行目的分析结果进行对比,本次调查把出行目的分为 7 种:工作、上学、购物、文娱、访友、看病和其他出行,其中,其他出行包括进餐和找工作等。需要注意的是,Jansuwan 等(2013)的出行定义仅考虑基于家的出行,而本次调查考虑了基于家的出行(95.19%)和非基于家的出行(4.81%),如此小的差异不会影响两个调查的出行目的对比结果。

不同群组工作出行和非工作出行量占总出行量的比例如图 2.3 所示(工作出行是指从家到工作地点的出行,其余的为非工作出行)。结果显示,绝大多数老年人群已经退休,老年受访者的工作出行比例是 3 个低行动力子群中最少的。残疾和低收入受访者的工作出行比例相似(大约 33%)。在非工作出行中,发现老年受访者出行目的最多的是购物,然后是文娱活动和探亲访友,而低收入受访者主要出行目的是购物和上学,由此暗示老年人群拥有更多的自由时间去参加与日常生活无关的活动(如文娱活动)。残疾受访者出行目的最多的是购物,接下来是看病,这主要与他们的身体健康条件有关。但是,残疾受访者的访友出行比例较高(比低收入和普通受访者高),间接表明大多数残疾人群出行仍然是活跃的,而且渴望进行出行活动。

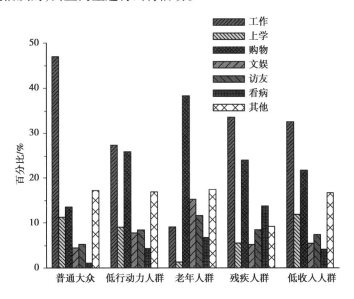

图 2.3 不同群组的出行目的分布图

相比之下,低行动力受访者工作出行比例低于普通受访者工作出行比例,而低行动力受访者非工作出行比例明显大于普通受访者非工作出行比例;低行动力受访者购物出行比例明显偏高:普通受访者数量(7 694)大约是低行动力受访者数量(4 319)的两倍,但低行动力受访者购物出行次数(1 511)几乎和普通受访者购物出行次数(1 536)相等。低行动力人群购物出行比例高于普通大众的原因不是因为他们经济条件优越,而是因为他们在购物时可能会为一件产品而多次与商家讨价还价,其本质原因是收入水平低,由此暗示:与普通大众相比,低行动力人群的雇佣条件比普通大众差,拥有更多的时间去完成不同类型的非工作出行。

与 Jansuwan 等(2013)描述的相比,本次调查区域内的低行动力受访者工作出行和文娱出行比例小,主要原因是:尽管我国低行动力人群雇佣率低,拥有更多的自由时间,但是只有很少的娱乐活动可供其选择。在此次调查中的老年受访者工作出行比例比 Jansuwan 等(2013)所关注的老年受访者工作出行比例稍高,原因是两个调查对老年人群年龄范围的界定不同(本次调查是 60 岁以上,另一个调查是 65 岁以上)。

2.2.3　出行方式

不同群组的不同出行方式出行量占总出行量的比例见表 2.2。从表中可知,老年受访者出行主要依靠步行(大约 43.26%),接下来是公交车(大约 18.55%),其次是电动车(大约 15.07%),然后是自行车(大约 13.86%);残疾受访者主要出行工具是公交车(大约 44.31%),接下来是步行(大约 16.39%),其次是电动车(大约 12.21%),然后是私家车(大约 10.87%);低收入受访者主要出行方式是电动车(大约 28.52%),接下来是步行(大约 19.46%),其次是公交车(大约 14.08%),然后是自行车(大约 13.13%)。基于对 3 个低行动力子群出行方式分析结果的对比发现:老年人群大多数已经退休或者拥有离家较近的工作,其出行主要依靠步行和自行车进行频繁的短距离出行,使用公交车和电动车进行中长距离出行(公共交通对 70 岁以上老年人免费,选择公交车出行的老年人群比选择电动车出行的老年人群稍多)。对短距离出行,身体健康原因使残疾人群一般选择步行出行,很少选择自行车出行;而对中长距离出行,公共交通服务对残疾人群(持有残疾人证的)免费,他们一般首先选择依靠公交车出行,其次是电动车。由于经济水平低,大部分低收入人群首先选择依靠电动车进行中长距离出行,其次是公交车;低收入人群的短距离出行主要依靠步行和自行车。

表2.2　不同群组的出行方式分布表(%)

群组	步行	自行车	电动车	公交车	私家车	其他
老年人群	43.26	13.86	15.07	18.55	4.01	5.25
残疾人群	16.39	5.85	12.21	44.31	10.87	10.37
低收入人群	19.46	13.13	28.52	14.08	11.48	13.34
低行动力人群	24.74	13.12	25.04	15.26	10.40	11.44
普通大众	12.62	8.75	23.24	6.53	38.49	10.38

低行动力受访者出行最主要的出行工具是电动车(大约25.04%),接下来是步行(大约24.74%),其次是公交车(大约15.26%),然后是自行车(大约13.12%)。由此可以发现,低行动力人群和低收入人群的出行方式比例分布趋势相似,其原因是我国大部分低行动力人群处于低收入状态。而普通受访者最主要的出行方式是私家车(大约38.49%),接下来是电动车(大约23.24%),其次是步行(大约12.62%),然后是自行车(8.75%)。基于以上分析,结合3个低行动力子群出行方式之间的对比结果,可以得出结论:由于收入或者身体健康原因,低行动力人群一般选择非个体机动交通出行(一些老年人除外,他们步行和骑行是为了锻炼身体),其中非个体机动交通包括步行、非机动车(自行车和电动车)和公共交通;相反,由于经济条件允许,普通大众的出行方式选择权较多,在中长距离出行时一般选择依靠私家车出行,而在短距离出行时选择依靠步行和电动车出行。

需要注意的是,老年、残疾、低收入和普通受访者自行车出行比例分别为13.86%、5.85%、13.13%和8.75%,表明我国已经不再是一个自行车王国(我国自行车出行比例曾经高达40%以上,而现在我国大部分城市自行车出行比例已经不足20%)。其原因主要是:我国经济飞速发展,普通大众经济条件提高,开始选择私家车出行;我国城市不断扩张,低收入人群往往居住在城市边缘,开始选择电动车替代自行车进行中长距离出行;我国自行车出行环境开始变化,自行车道变窄,机动车道被拓宽,自行车和机动车混合行驶,电动车与自行车混合行驶。然而,Replogle(1992)表明自行车作为一种非机动出行方式,不仅可以为低收入人群提供低成本出行(强调体力而不考虑金钱成本),而且还是绿色健康的出行方式,不会排放污染物。考虑我国大多数低行动力人群处于低收入状态,政府部门应该关注我国低行动力人群自行车出行比例急剧下降的现象及原因。

对比 Jansuwan 等(2013)描述的出行方式结果,本次调查中的低行动力受访者很少依靠私家车出行,而是频繁地依靠非个体机动交通工具进行出行活动,主要原因是我国低行动力人群经济条件一般负担不起私家车的价钱或者出行费用。另一个对比结果显示:在温岭市,老年和残疾受访者的公交出行比例都高于 Jansuwan 等(2013)所描述的,但这不能说明我国的公共交通服务水平高,其原因是我国公共交通服务对持有残疾人证的残疾人和70岁以上的老年人是免费的。比如,2016年7月28日,上海政府宣布停止老年人的公共交通免费服务,当天很多公交线路上的老年乘客数量就急剧下降;大部分残疾人群喜欢乘坐免费的国营公交车辆,而不是搭乘收费的私营公交车辆。但与发达国家相比,我国的公共交通系统还存在很大的差距。例如,公共交通资源有限,很多公共出行需求无法满足,导致很多低收入人群(居住于城市边缘)无法享受公共交通服务,还导致公交车和地铁上的爱心座位经常被抢占(尤其在出行高峰时间)。

2.2.4 平均出行频率和出行时间

不同群组工作出行和非工作出行的出行频率和平均出行时间见表2.3。从工作出行的角度展开分析,老年受访者平均出行频率高于残疾和低收入受访者平均出行频率,而他们的平均出行时间低于残疾和低收入受访者的平均出行时间。其原因可能是:老年人群工作地点与家之间的出行条件比残疾和低收入人群方便和快捷,可以在家吃午饭;残疾和低收入人群的雇用率低,尤其是残疾人群,即使有工作,工作条件也不是很好,需要很长的工作出行距离。从非工作出行的角度展开分析,不同低行动力子群平均出行频率和平均出行时间的比较顺序与工作出行相同,其原因是:相对其他两个低行动力子群,老年人群拥有更少的时间限制,可以频繁地参加文娱活动和探亲访友等短距离出行。无论从工作出行还是从非工作出行角度展开研究,残疾受访者都是3个低行动力子群中平均出行频率最低,平均出行时间最长的,表明残疾人群在日常出行中存在的困难最多。

表 2.3 平均出行频率与出行时间

出行目的	群组	出行频率/(次·日$^{-1}$)	平均出行时间/(min·次$^{-1}$)
工作出行	老年人群	1.30	20.60
	残疾人群	1.12	31.08
	低收入人群	1.19	23.30
	低行动力人群	1.21	23.08
	普通大众	1.25	20.67
非工作出行	老年人群	1.44	20.02
	残疾人群	1.13	31.67
	低收入人群	1.30	21.43
	低行动力人群	1.35	20.80
	普通大众	1.37	19.57

普通受访者平均出行频率比残疾和低收入受访者平均出行频率高,但是比老年受访者平均出行频率低;普通受访者平均出行时间比残疾和低收入受访者平均出行时间短,但是比老年受访者平均出行时间长。由此可知,在不同的群组中,老年人群出行是最活跃的,接下来是普通大众,其次是低收入人群,然后是残疾人群。

本次调查中的低行动力受访者的工作出行频率比 Jansuwan 等(2013)描述的高,这可能是因为我国居民有回家吃午餐的习惯。而本次调查中的低行动力受访者的平均出行时间比 Jansuwan 等(2013)描述的少,其原因是:我国城市人口密度比西方国家城市人口密度高,非机动车和公交车的短距离出行非常常见。这一发现与 Hook 等(1996)描述的很相似,他们指出亚洲城市有着很高的人口密度,导致土地使用、能源和资源消耗限制,不能满足大规模的私家车出行需求。参考 Replogle(1992)与 Hook 等(1996)的发现,可以了解到:在不同的亚洲城市中存在不同,比如,亚洲发展中国家城市的非机动车出行比例很高,但亚洲发达国家城市的公共交通出行却占很高比例。

2.3　公共交通可达性

在交通运输范畴内,人们常常用时空可达性来评估出行需求是否满足,时空可达性的表现形式一般为出行时间。可达性研究跨越多专业和多学科,其评估同样涉及多方面,包括地理位置、社会经济特性和出行方式选择等。公共交通服务在满足低行动力人群中长距离出行中起着关键作用,本节对调查区域内受访者的公共交通可达性进行分析,优先使用 Jansuwan 等(2013)建议的方法进行评估,假如无法评估,将使用替代方法。

2.3.1　相似方法

本小节首先把受访者居住和出行目的位置以及调查范围内的公交线路与

公交站点导入 TransCAD 4.5，然后基于 GIS(Geographic Information System)缓冲技术得到公交站点辐射范围(辐射距离为 150～750 m)。如图 2.4 所示展示了受访者居住位置分布、调查范围内的土地利用性质、公交线路配置、部分居住位置的受访者人口分布及到公交站点的距离分析。图 2.4(a)中的右下角小图显示了部分居住位置的受访者人口分布，同时表明一个居住位置代表一个居民小区(居住着多个受访者)。结合图 2.4(a)和数据分析可知，低行动力受访者居住在城市区域(Central Business District，CBD，包含各种各样的商业中心、工业集中地和居民住宅区，其公共交通服务可达性高)的比例比普通受访者居住在城市区域的比例低，说明大部分低行动力人群在享受公共交通服务方面存在更多的困难。调查区域为温岭市经济水平和人口密度较高区域，很多低行动力人群居住位置在新兴的居民住宅区和工业集中地(城市边缘区域或者非 CBD 区域)，公共交通服务基本没有覆盖，表明我国公共运输系统的发展跟不上经济发展的速度。图 2.4(b)显示：很多低行动力人群无法享受公共交通服务；一条公交线路经过一个居住小区，但该居住小区附近没有相应的公交站点。这与 Jansuwan 等(2013)的发现是相同的，表明我国低行动力人群在享受公共交通服务方面存在相似问题。

　　考虑本次调查和 Jansuwan 等(2013)的调查对出行定义的不同，距离分析划分为两个部分：如图 2.5(a)—图 2.5(e)所示描述了不同群组从出发地到公交站点和从公交站点到目的地的出行距离分布，其中出行包括基于家和非基于家的出行。如图 2.5(f)所示描述的距离分布与 Jansuwan 等(2013)描述的是相似的，是从低行动力受访者居住位置到公交站点和公交站点到他们最频繁拜访目的地的出行距离分布，其中出行仅包括基于家的出行。对最频繁拜访目的地选取方式是优先考虑工作地点，接下来是调查当天最频繁的拜访地，最后是随机选取一个基于家的出行目的地。

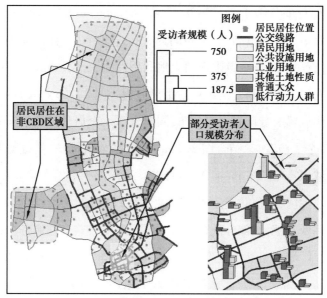

（a）居民居住位置、公交线路和土地利用性质

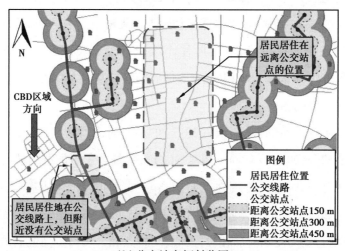

（b）公交站点辐射范围

图2.4　调查区域内公交可达性相关信息

　　如图2.5（a）所示，35%的普通受访者从出发地到公交站点和公交站点到目的地的出行距离都在步行可行范围内（距离在150 m以内）；仅有11.86%的普通受访者从出发地到公交站点和公交站点到目的地的出行都存在困难（距离超过750 m）；22.5%的普通受访者要么从出发地到公交站点出行存在困难，要么

从目的地到公交站点出行存在困难。为了描述简便,一些缩写被介绍如下:WWD(Within Walking Distance)35%,DAB(Difficulties Accessing Both)11.86%和 DAE(Difficulties Accessing Either)21.29%,这些缩写同时适用于其他群组[图 2.5(b)—图 2.5(e)]。对比图 2.5(a)和图 2.5(b)可知:低行动力受访者的 WWD 占比(28%)比普通受访者的低,但低行动力受访者的 DAB 占比(23.91%)比普通受访者的高,说明普通大众的公共交通服务可达性高于低行动力人群的公共交通服务可达性。

　　图 2.5(c)—图 2.5(e)显示老年受访者的 WWD 占比(41.13%)是最高的,然后是普通受访者的 WWD 占比(35%),接下来是残疾和低收入受访者的 WWD 占比(24.08% 和 20.08%),由此表明大部分老年人群出行发生在城市或者交通顺畅区域。这与 Lotfi 等(2011)的发现相似,他们认为老年人一般生活在城市区域,存在频繁的短距离步行出行。令人惊讶的是残疾受访者的 DAB 占比(15.38%)居然比老年和低收入受访者的 DAB 占比(27.27% 和 20%)低。但这不能说明残疾人群居住在非 CBD 区域的比例是最低的,因为很多居住于非 CBD 区域的残疾人医疗出行和居住于 CBD 区域的残疾人工作出行都是在非 CBD 和 CBD 区域之间。而残疾受访者的 DAE 占比(34.11%)比老年人受访者的 DAE 占比(14.49%)高,这更加印证了这个解释。

　　如图 2.5(f)所示,24.9% 的低行动力受访者从家到公交站点和公交站点到最频繁目的地的出行距离都在步行可行范围内,49.98% 的低行动力受访者从家到公交站点的出行存在困难。本次调查中低行动力受访者从家到公交站点和公交站点到最频繁目的地的出行距离都在步行可行范围内的比例比 Jansuwan 等(2013)描述的高,其主要原因是:本次调查区域在温岭市城市区域以及周边乡镇,而 Jansuwan 等(2013)的调查区域却包括整个卡什县;另一个对比发现是,本次调查中 27.19% 的低行动力受访者在享受公共交通服务方面存在困难(无论是从家到公交站点还是公交站点到目的地),明显大于 Jansuwan 等(2013)所描述的,其主要原因是大部分低行动力受访者居住在周边乡镇(城市边缘区域),表明了我国公共交通服务水平比发达国家的低。

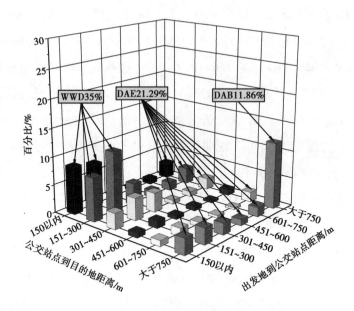

（a）普通大众

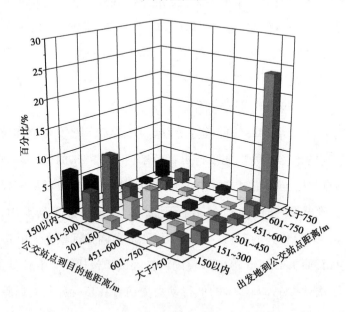

（b）低行动力人群

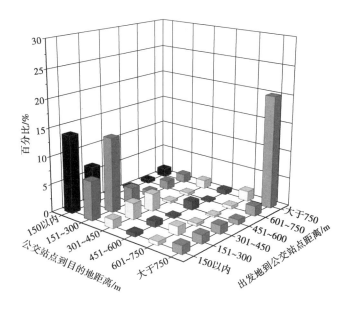

（c）老年人群

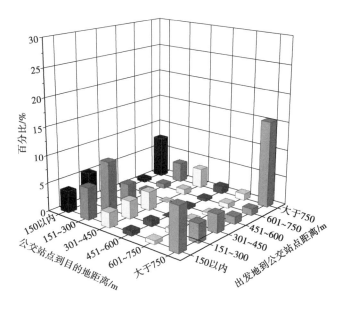

（d）残疾人群

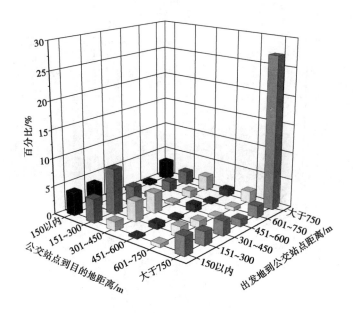

（e）低收入人群

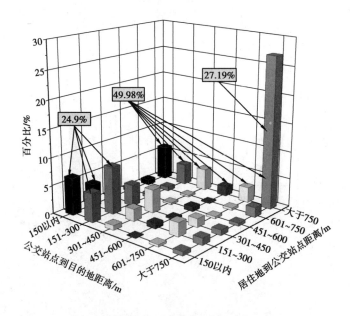

（f）低行动力人群（基于家的出行）

图2.5 不同群组从出发地（或者居住位置）到公交站点和公交站点到目的地的距离分布

2.3.2 替代方法

Jansuwan 等(2013)基于最大似然估计法评估了受访者从家到公交站点出行距离对公共交通分担率的影响,本小节在使用相同方法作相似评估时,发现所得结果不存在受访者从家到公交站点出行距离与公共交通分担率之间的负相关关系,其关系为:随着从家到公交站点出行距离的增加,公共交通分担率没有减少,甚至会增加。好在本次研究进行了大规模居民出行调查,获得了大量的居民出行 OD 数据,不同出行距离(从出发地到公交站点)下不同群组受访者的公共交通分担率见表2.4,可用来分析他们之间的相关关系。分析过程得到两种结果:①与 Jansuwan 等(2013)描述的相似结果,当低行动力受访者无法驾驶私家车时,常常选择依靠公共交通出行方式;②与 Jansuwan 等(2013)描述的不同结果,无法驾驶私家车的残疾受访者更倾向于公共交通出行方式,接下来依次是无法驾驶私家车的老年、低收入和普通受访者。本书2.2.3 节中部分原因分析在此处同样适用。

表 2.4   不同从家到公交站点的出行距离下不同群组的公共交通分担率

辐射范围/m	群组/%		群组(无法驾驶私家车)/%				
	普通大众	低行动力人群	普通大众	低行动力人群	老年人群	残疾人群	低收入人群
150 以内	7.53	16.97	11.21	18.51	15.14	52.63	18.15
151～300	8.88	14.17	15.99	16.10	17.52	35.71	20.92
301～450	11.94	12.01	11.27	12.46	21.62	56.00	9.62
451～600	8.22	22.63	18.85	26.32	21.43	71.43	27.27
601～750	3.24	11.93	11.11	13.82	23.68	57.14	10.90
大于750	6.28	17.40	9.90	20.07	21.61	54.72	20.76

在我国,大部分低行动力人群处于低收入状态,生活在离公交站点较远的

位置(住房便宜),他们有时倾向于选择依靠公共交通进行中长距离出行,低收入的残疾人群和70岁以上老年人群(公共交通服务免费)更加倾向于进行公共交通出行。这可以解释为什么当低行动力人群从家到公交站点的距离增加,他们的公共交通分担率的倾向没有减少甚至会增加。基于以上分析,可以发现收入水平对低行动力人群公共交通分担率存在很大影响,不同收入水平下无法驾驶私家车的低行动力受访者公共交通分担率见表2.5。从表中可知,无法驾驶私家车的不同低行动力子群,其公共交通分担率与收入水平之间都存在负相关关系,即随着无法驾驶私家车的低行动力人群收入增加,他们公共交通分担率基本上是减少的。没有减少的部分在表2.5中被加粗显示,其主要原因是:①年收入为10 000~19 999元的受访者大部分是农民,经常依靠步行、自行车或者电动车等交通工具完成他们家和田地之间的出行;②年收入低于10 000元的受访者可能都不想去负担公共交通的费用,他们更喜欢通过步行、自行车或者电动车等交通工具完成出行,但是残疾人群和70岁以上的老年人群拥有免费公共交通服务,即使年收入水平低于10 000元,他们会更加倾向于选择公共交通出行方式。

表2.5　不同收入水平下低行动力子群的公共交通分担率

收入水平/元	群组(无法驾驶私家车)/%		
	老年人群	残疾人群	低收入人群
10 000 以下	22.77	70.59	**17.76**
10 000~19 999	**17.92**	**47.92**	**16.93**
20 000~49 999	22.59	61.25	18.69
50 000~99 999	16.67	46.94	——
100 000 以上	17.21	29.03	——

注:表中加粗数值表示在负相关关系中的不正常部分。

2.4　讨论分析

　　调查数据显示,低行动力人群中绝大多数首先处于低收入状态,其次是老年状态,最后是残疾状态。对比分析结果表明:老年人群大部分居住在城市或者交通畅行区域,拥有更多的自由支配时间,其出行是最活跃的,喜欢依靠步行或者自行车进行频繁的短距离出行(以文化娱乐和探亲访友为目的),倾向于选择公共交通出行方式进行中长距离出行。残疾人由于身体健康原因,其出行是最不活跃的,出行方式选择权最小,常常选择公共交通出行方式进行中长距离出行,其短距离出行经常只能选择步行完成。但残疾人群以探亲访友为目的出行比例高于低收入人群和普通大众,说明残疾人群还是渴望出行并与人交流。低收入人群经济条件有限,经常使用电动车和公交车进行中长距离出行,依靠步行和自行车完成短距离出行。

　　低行动力人群工作出行比例低于普通大众工作出行比例,其原因是很多老年人已经退休,而残疾和低收入人群雇用率低。这间接地导致低行动力人群拥有更多时间去完成非工作出行,同时也可以解释:低行动力人群非工作出行比例明显高于普通大众非工作出行比例。由于行动力的限制,低行动力人群出行主要依赖非个体机动交通工具,包括步行、自行车、电动车和公共交通;而普通大众的出行方式主要是私家车。结合我国国情,政府部门应该关注低行动力人群自行车出行比例急剧下降的现象及原因。低行动力人群大部分居住在城市区域边缘(非 CBD 区域),常常需要步行很长时间才能到达最近公交站点,表明我国基于低行动力人群出行需求的公共交通服务水平有待提高。

　　作为交通出行的弱势群体,我国和发达国家的低行动力人群在出行特性和公共交通可达性方面有很多相似点,但是也存在很多不同点。在与 Jansuwan 等(2013)描述的分析结果对比中发现:尽管我国和发达国家低收入人群大部分都处于低收入状态,但我国低行动力人群收入水平明显低于发达国家。我国低行动力人群出行方式选择权比发达国家出行方式选择权少,主要依靠非个体机动交通出行;而发达国家低行动力人群主要出行方式是私家车。我国城市人口密度大,居民的平均出行次数多和平均出行时间短,低行动力人群常常依赖非个体机动交通进行短距离出行。在公共交通可达性对比中,我国低行动力人群从家到公交站点的出行距离对公共交通分担率的影响不大,主要原因是收入水平对我国低行动力人群是否使用公交车起着很重要的作用。我国低行动力人群大多数居住于城市边缘区域(非 CBD 区域),无法享受较好的公共交通服务,表明我国低行动力人群公共交通出行环境有待改善。

基于以上分析,低行动力人群出行选择权少,出行极度依赖非个体机动交通(步行、非机动车和公共交通)。由于身体健康原因,老年和残疾人群在步行系统中存在诸多困难,造成安全和舒适度下降,如步行道宽度不足、平整和顺畅度不足、无障碍设施缺乏、过街不便等。低收入人群的收入水平有限,主要交通工具为非机动车,然而我国非机动车出行环境严重恶化,如非机动车道变窄、电动车出行分担率增加、机非混合等。公共交通是低行动力人群主要出行方式之一,但我国基于低行动力人群出行需求的公交服务还不完善,如爱心座位被抢占或者不足、低收入人群公交可达性低等。加之我国城市人口密度高和非常态事件频发,基于低行动力人群出行需求的多模式交通组织策略和网络优化设计十分具有研究价值。

2.5   本章小结

本章把居民划分为两个群组:低行动力人群和普通大众,其中低行动力人群包括老年人群、残疾人群和低收入人群 3 个子群。首先采用一种混合调查方法(包括大规模居民出行调查和残疾人出行补充调查)在温岭市进行居民出行 OD 调查来获得低行动力人群和普通大众的出行需求相关数据。随后,基于两个出行需求评估维度,通过 3 个层面的群组之间交通出行行为分析对比,充分评估了我国低行动力人群的出行需求和了解他们交通出行存在的困难。其中，两个出行需求评估维度为出行特性（社会经济、出行目的、出行方式、出行频率和平均出行时间）和公共交通可达性；3 个层面的群组之间对比为低行动力子群（包括老年人群、残疾人群和低收入人群）之间、低行动力人群和普通大众之间、我国和西方发达国家低行动力人群之间。研究结果表明：①不同低行动力子群在采用不同出行方式时会存在不同的出行困难；②低行动力人群在日常出行中比普通大众存在更多的出行困难；③我国经济发展水平低和城市人口密度大，我国低行动力人群比西方发达国家低行动力人群在出行中存在更多的出行困难。

第3章　多模式交通组织策略设计方法

　　多模式交通组织与控制策略是为提高多模式交通运行效率和质量,从而对多模式交通网络进行优化的干预措施。多模式交通组织策略的实施通常会使网络拓扑进行重构,从而实现对多模式交通网络运行的增益效果。本章将结合已有的交通组织策略,以优先满足低行动力人群出行需求为目的,分别设计常态和疏散条件下的多模式交通组织策略,并研究两种交通状态下交通组织策略的初步适用条件和实施效应。

3.1　常态下多模式交通组织策略

　　常态下,我国城市道路一般包括步行道、非机动车道和机动车道。在步行道上,一般是步行出行方式;在自行车道上,一般是自行车和电动车出行方式;在机动车道上,一般是公共交通和私家车出行方式。低行动力人群出行需求分析结果显示:低行动力人群出行主要依赖非个体机动交通工具,且存在诸多问题;不同低行动力子群(包括老年人群、残疾人群和低收入人群)的出行特性存在一些相同点,也存在很多不同点。基于以上分析,本节分别对步行、非机动车和公共交通的交通组织策略进行设计研究。

3.1.1　步行

　　步行是我国低行动力人群的主要出行方式之一,面向其步行交通组织策略设计研究是十分必要的。由于拥有更多自由支配时间,绝大多数老年人群喜欢选择步行进行频繁的短距离出行,这样不仅可以锻炼身体还可以达到文化娱乐和探亲访友等出行目的。但是老年人群生理机能退化(如视力模糊、听力衰退和行动力不便),在步行出行中存在诸多不便。残疾人群可选择的出行方式相对老年和低收入人群会更少(很多出行需要在他人帮助下完成),步行交通是残疾人可选择的主要出行工具之一。然而在我国,针对残疾人的步行交通基础设施极其不完善,如盲道被强行占用,轮椅通行的坡度"山路十八弯"。尽管步行交通也是低收入人群的主要出行方式之一,但是他们和普通大众一样在步行系统中不存在太多的出行不便,可以快速行走。本小节将基于已有的步行交通组织策略,设计面向老年人群和残疾人群的步行交通组织策略,从而提高老年人群和残疾人群的步行出行环境。

Van 等(2012)和王莹亮(2015)指出人行道的宽度、路面铺装材料、是否有台阶和坡道的设置,以及过街设施等都能影响老年人群步行的舒适性。残疾人群步行系统很多设计方法与老年人群相似,但是考虑残疾人的身体健康条件,夏菁等(2017)认为建设无障碍残疾人步行出行环境是十分必要的。结合已有步行交通组织策略,面向老年人群和残疾人群的步行交通组织策略如下:

①改扩建步行交通道路系统,对步行道路进行补缺、增长和补宽等建设,使行人、自行车和机动车尽可能相互隔离,并把步行道路接驳到城市景观交通道路体系,给老年人群和残疾人群舒适的散步环境。

②要确保人行道的平整和通畅,上面铺装盲道要宽度适宜,且不能被路灯、电线杆、井盖和车辆等障碍物中断,同时尽可能远离车道和树木,避免行人冲撞和车辆行驶等给残疾人群带来的伤害。在交叉路口、人行横道、街坊路口和广场入口必须设置可让轮椅通行的坡道。过街横道较长的交叉口,需要设计老年人群和残疾人群过街安全岛。

③在城市人行交通繁忙的路口和主要商业街,应设置语音交通信号,要充分考虑残疾人通过街道所需的绿灯时间(按残疾人步行速度 0.5 m/s 计算),带按钮的人行过街信号灯的按钮高度应该考虑残疾人群身体条件(一般不高于 1.4 m)。

3.1.2 非机动车

近年来,我国居民自行车出行分担率持续降低,其主要原因是:①随着经济的发展,经济条件好的居民开始选择私家车进行中长距离出行,而很多低收入人群的中长距离出行由电动车等交通工具替代完成,导致低行动力人群的电动车出行分担率高;②随着小汽车数量的增加,规划设计者为了减少拥堵,常常把机动车道拓宽,而把非机动车道变窄;③在一般道路(如支路)上,自行车和机动车混合行驶,使自行车出行越来越不安全;④随着电动车分担率的增加,在非机动车道上,自行车和电动车混合行驶,严重影响自行车出行环境。基于调查数据发现,依靠自行车和电动车出行的低行动力人群绝大多数是低收入人群,本小节将基于已有的非机动车交通组织策略,设计面向低收入人群的非机动车交通组织策略,从而提高低收入人群的非机动车出行环境。

近年来,在日本和澳大利亚等国家,非机动车道的交通管理措施主要集中在强化电动车的管理,如车速限制和输出功率限制和执照限制等。随着我国电动车保有量逐年增加,其造成的交通事故逐年上升,严重影响非机动车出行环境。结合我国对机动车道的相关管理研究,面向低收入人群的非机动车交通组织策略(我国城市道路基本禁止摩托车出行,该处不分析)如下:

①一定程度上限制电动车出行环境,诱导其转化为中短距离自行车出行或者中长距离公共交通出行,从而达到增强自行车出行安全的目的。例如,对电动自行车出行实行速度和输出功率限制,对电动车驾驶执照的持有实行年龄限制,加强对电动车等非机动车驾驶违法行为的整治力度(如违法载人、超载、闯红灯和逆向行驶等)。

②改善非机动车出行环境,保障非机动车出行路权。例如,转变"车本位"(将原本非机动车道或部分划分为机动车道)思想,合理分配非机动车和机动车的道路路权;尽量实行非机动车道和机动车道之间的物理隔离(不仅可以防止机非混行,保证非机动车出行安全,还可以减少非机动车道被机动车违法占有

的概率)。

　　③加强非机动车交叉口出行安全。应尽量减少非机动车处于危险状态的时间,当其通过交叉路口时,应尽可能使机动车驾驶员知道非机动车的行驶路线与方向。如空间允许,对非机动车进口道实施扩宽,对非机动车的等待区域应提供实物隔离,非机动车驾驶员需要严格遵守"各行其道"规则。

3.1.3　公共交通

　　公共交通是低行动力人群主要出行方式之一。公共交通服务面向 70 岁以上的老年人免费,老年人群常常选择公交车进行长距离出行;公共交通服务对残疾人提供免费服务,大量残疾人群选择公交车进行中长距离出行。但是这不能代表我国公共交通服务水平高,老年和残疾人群公共交通分担率高的原因仅是公共交通服务面向残疾人群和 70 岁以上的老年人群免费。我国老年和残疾人群公共交通出行存在很多问题,如交通高峰时爱心座位经常被抢占或者不足。低收入人群收入水平低,常常选择公交车进行中长距离出行。但是我国低收入人群大部分居住在非 CBD 区域,公共交通服务可达性低,导致他们不得不依靠电动车进行中长距离出行。本小节结合我国国情(公共交通资源有限,城市人口密度大)和发达国家公共交通组织策略,设计适合我国的公共交通组织策略,从而改善低行动力人群的公共交通出行环境。

　　近 20 年来,在美国、日本和欧洲等发达国家,服务于老年人群和残疾人群的无障碍公共交通系统已经相当完善,如公交站台与车门平行的基础设施,公交站点与人行道统一坡度。基于发达国家相关的公共交通组织策略,面向老年人群和残疾人群公共交通组织策略为:公共交通的资源有限,调整普通公交线路为老年人群和残疾人群公交专线,公交车上增加爱心专座数量,但严禁身体健康人群使用爱心专座(表明身体健康人群也可以乘坐公交专线)。在老年人群和残疾人群公交专线上,尽可能地建设无障碍公共交通基础设施。

　　与发达国家相比,我国低收入人群经济水平偏低且基数大,面向低收入人群公共交通组织策略设计是相当迫切的,具体为:调整普通公交线路为低收入人群公交专线,根据收入水平的高低,低收入人群可以享受不同程度的公共交通服务优惠(收入水平越低,公共交通服务费用越低)。

公共交通是我国低行动力人群主要出行方式之一。公共交通优先措施,不仅可以改善低行动力人群公共交通出行环境,还可以引导电动车和私家车出行转移到公共交通出行,从而改善非机动车和机动车的出行环境。Mesbah 等(2008)和刘海洋(2016)指出,公共交通优先措施应该关注对公交专用道的研究。基于低行动力人群出行需求的公共交通组织策略如下:

①完全式公交专用道,该车道仅允许公交车驶入,禁止其他车辆驶入。

②间歇式公交专用道,该车道允许其他车辆驶入,不强制已处于该车道内公交车前的其他车辆离开,不允许其他车辆在公交车之前换道驶入公交专用道。

3.1.4 常态交通组织策略初步适用条件

多模式常态交通组织策略的实施可能存在建设费用或者运营费用,如果未能充分利用将导致费用浪费。本小节通过不同群组多模式交通量对这一问题进行量化,从而确定不同常态交通组织策略的初步适用条件,见表3.1,并分别介绍对步行、非机动车和公共交通组织策略实施方法和实施效应。

表3.1 不同常态交通组织策略初步适用条件

策略编号	策略名称	初步适用条件
A	面向老年人群和残疾人群步行交通组织策略	$u_{l,\text{OA+DI}}^{\text{wal}}>\lambda_1, r_l^{\text{wal}}>\lambda_2$
B	面向低收入人群非机动车交通组织策略	$u_{l,\text{LI}}^{\text{bik}}>\lambda_3, r_l^{\text{bik}}>\lambda_4$
C	面向老年人群和残疾人群公共交通组织策略	$u_n^{\text{OA+DI}}>\lambda_5, r_n>\lambda_6$
D	面向低收入人群公共交通组织策略	$u_n^{\text{LI}}>\lambda_7, r_n>\lambda_8$
E	面向低行动力人群公交交通组织策略	$q_l^{\text{bus}}>\lambda_9, r_l^{\text{car}}>\lambda_{10}$

常态下,表 3.1 中, $u_{l,\mathrm{OA+DI}}^{\mathrm{wal}}$ 为老年人群和残疾人群在路段 l 上的步行流量占比, $u_{l,\mathrm{LI}}^{\mathrm{bik}}$ 为低收入人群在路段 l 上的非机动车流量占比; $u_n^{\mathrm{OA+DI}}$ 为老年人群和残疾人群在公交线路 n 上的直达客流需求占比, u_n^{LI} 为低收入人群在公交线路 n 上的直达客流需求占比; r_l^{wal} 、 r_l^{bik} 、 r_l^{bus} 和 r_l^{car} 分别为步行、非机动车、公共交通和私家车在路段 l 上的交通饱和度; $\lambda_x(x=1、2、3、4、5、6、7、8、9、10)$ 为常态可行交通组织策略不同的判定参数; q_l^{bus} 为公共交通在路段 l 上的交通量。

（1）步行

当路段 l 满足面向老年人群和残疾人群步行交通组织策略 A 的初步适用条件后,根据路段 l 的现实状况,实施效应为:

①老年人群和残疾行人在路段 l 的平均速度会增加 Δ^{wal} 。

②根据路段 l 的现实状况判定人行道是否能够拓宽:首先考虑直接拓宽（拓宽人行道,非机动车和机动车道不变）;如果直接拓宽无法实施,然后考虑间接拓宽（拓宽人行道,非机动车道不变,机动车道变窄）。根据路段 l 的现实状况判定是否能够增加人车分离设施,既可以拓宽人行道,还可以增加人车分离设施。

（2）非机动车系统

当路段 l 满足面向低收入人群非机动车交通组织策略 B 的初步适用条件时,实施效应与步行系统相似:

①非机动车在路段 l 的平均速度增加 Δ^{bik} 。

②根据路段 l 的现实状况判定非机动车道是否能够拓宽:首先考虑直接拓宽（拓宽非机动车道,人行道和机动车道不变）;如果直接拓宽无法实施,然后考虑间接拓宽（拓宽非机动车道,人行道不变,机动车道变窄）。根据路段 l 的现实状况判定是否能够增加机非隔离带,既可以拓宽非机动车道,还可以增加机非隔离带。

（3）公共交通系统

交通组织策略 C 和 D 需要在公交线路上实施,通过参数 λ_5 、 λ_6 、 λ_7 和 λ_8 的

控制,不可能同时在一条公交线路上实施;交通组织策略 E 需要在机动车道上实施,通过参数 λ_9 和 λ_{10} 的控制。

当公交线路 n 满足交通组织策略 C 的初步适用条件时,该公交线路将引入老年人群和残疾人群客流吸引率提升系数 λ_n^{OA+DI},实施效应为:

$$\rho_{i,OA+DI}^{n*} = (1 + \lambda_n^{OA+DI}) \times \rho_{i,OA+DI}^{n} \tag{3.1}$$

$$\rho_{i,LI}^{n*} = (1 - \rho_{i,OA+DI}^{n*}) \times \frac{d_{i,LMI}^{n} - d_{i,OA+DI}^{n}}{d_{i,LMI}^{n} - d_{i,OA+DI}^{n} + d_{i,GP}^{n}} \tag{3.2}$$

$$\rho_{i,GP}^{n*} = (1 - \rho_{i,OA+DI}^{n*}) \times \frac{d_{i,GP}^{n}}{d_{i,LMI}^{n} - d_{i,OA+DI}^{n} + d_{i,GP}^{n}} \tag{3.3}$$

常态下,式(3.1)—式(3.3)中,$\rho_{i,OA+DI}^{n}$、$\rho_{i,LI}^{n}$ 和 $\rho_{i,GP}^{n}$ 分别为老年人群和残疾人群、低收入人群和普通大众在公交线路 n 上公交站点 i 的基本客流吸引率;$\rho_{i,OA+DI}^{n*}$、$\rho_{i,LI}^{n*}$ 和 $\rho_{i,GP}^{n*}$ 分别为常态交通组织策略实施后,老年人群和残疾人群、低收入人群和普通大众在公交线路 n 上公交站点 i 的客流吸引率;$d_{i,LMI}^{n}$、$d_{i,OA+DI}^{n}$、$d_{i,LI}^{n}$ 和 $d_{i,GP}^{n}$ 分别为低行动力人群、老年人群和残疾人群、低收入人群和普通大众在公交站点 i 上的搭乘公交线路 n 的公共出行需求。

当公交线路 n 满足交通组织策略 D 的初步适用条件时,该公交线路将引入低收入人群客流吸引率提升系数 λ_n^{LI},实施效应为:

$$\rho_{i,LI}^{n*} = (1 + \lambda_n^{LI}) \times \rho_{i,LI}^{n} \tag{3.4}$$

$$\rho_{i,OA+DI}^{n*} = (1 - \rho_{i,LI}^{n*}) \times \frac{d_{i,LMI}^{n} - d_{i,LI}^{n}}{d_{i,LMI}^{n} - d_{i,LI}^{n} + d_{i,GP}^{n}} \tag{3.5}$$

$$\rho_{i,GP}^{n*} = (1 - \rho_{i,LI}^{n*}) \times \frac{d_{i,GP}^{n}}{d_{i,LMI}^{n} - d_{i,LI}^{n} + d_{i,GP}^{n}} \tag{3.6}$$

当路段 l 满足交通组织策略 E 的初步适用条件时,实施效应为:公交车在路段 l 上的平均速度增加 Δ^{bus},这将引起私家车的出行时间增加 Δ^{car} 倍。

3.2 疏散条件下多模式交通组织策略

与机动车疏散系统相比,步行和非机动车疏散距离和疏散时间一般较短,疏散难度一般较容易。在大规模疏散交通网络,往往不会考虑步行和非机动车疏散网络,仅考虑机动车疏散网络,即私家车和公共交通。以低行动力人群出行需求分析为导向,把疏散人群划分为高行动力人群(可以认为是普通大众)和低行动力人群(可以认为包括老年人群、残疾人群和低收入人群)。在中长距离的疏散过程中,高行动力人群可以采用私家车进行疏散撤离,也可以选择公共交通实现疏散转移;而低行动力人群无法自主选择合适的疏散方式,由于身体或者经济原因,不能使用私家车进行疏散,极度依赖公共交通疏散方式,疏散脆弱性高,受疏散事件影响比高行动力人群大。本节通过分析现有多模式疏散研究(包括传统和公交导向疏散交通组织策略)现状,提出改进的公交导向多模式交通组织策略。

3.2.1　传统疏散交通组织策略

传统疏散交通规划要么优先优化私家车疏散效率,然后参考私家车交通流分配结果来设计公共交通疏散路径;要么简单地先设计几套公共交通疏散网络方案,再输入疏散网络来优化私家车疏散路径。传统疏散交通规划以考虑私家车疏散效率为主,其原因是:在疏散网络中,私家车交通量一般远远大于公共交通,极易造成交通拥堵,延迟疏散持续时间;私家车疏散速度快,提高其疏散效率会减少车辆总疏散时间。传统疏散交通规划没有考虑公共交通疏散尽管其疏散速度低,但其疏散效率却大于私家车,提高公共交通网络疏散效率会大大减少疏散者的平均疏散时间。

传统疏散交通组织策略通常使用可逆车道(将疏散方向的对向车道部分或全部变为逆向行驶车道)来提高疏散方向的通行能力。Wolshon(2001)介绍了3种可逆车道设计方法:①全部车道可逆,认为是将疏散路段转化为单向行驶;②部分车道可逆,需要划分出可逆车道供疏散车辆专用;③路肩使用,划分方法与部分车道可逆相同。然而,传统疏散可逆车道实施后,私家车和公共交通将会共享疏散路权且混合行驶,同时私家车疏散车辆数比重一般极大,导致私家车疏散交通网络对公共交通疏散效率带来很大影响,而公共交通疏散网络对私家车疏散效率的影响却几乎可以忽略不计。而且,低行动力人群往往在疏散过程中属于弱势群体,主要依赖公共交通疏散方式,基于传统可逆车道的疏散交通组织策略极其不适合大规模低行动力人群疏散。此外,我国低行动力人群基数大,公共交通疏散资源(公交车数量)有限,公交疏散车辆常常需要返程进行两次以上的疏散,传统可逆车道设置方法不提供返回专用线路,不满足优先提高公共交通疏散效率的要求。

3.2.2 公交导向疏散交通组织策略

为了克服传统疏散交通组织策略的不足,华璟怡(2014)在其博士论文中提出了公共交通导向的多模式疏散交通组织策略设计方法,即在疏散网络中分配给公共交通独立路权,提高公共交通疏散效率,合理均衡私家车和公共交通疏散路权分配之间的博弈关系;还给出了公交导向下专用疏散车道的设计方法,如图3.1(b)所示,即把原本的驶入车道(公交车返回线路)和可逆车道上的混合交通流转化为公共交通流,同时使驶出车道上的混合交通流转化为私家车交通流,并基于传统可逆疏散车道和公交导向专用可逆疏散车道设计之间的定性对比分析,得到其应用的可行性及初步适用条件。但这种疏散交通组织策略没有考虑背景交通和疏散交通之间的相互影响,仅适用于特大自然灾害条件(如地震、雪灾和台风)下,社会车辆不会驶入危险区,而不适合其他的疏散状况。例如,当背景交通量很大时,疏散车辆行驶速度将会减少,疏散方案的实施准备(清空社会车辆)时间将会增加,将会严重影响公共交通疏散时间。

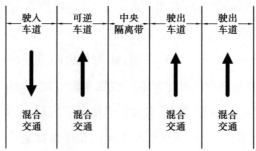

(a)传统可逆疏散车道设置方法

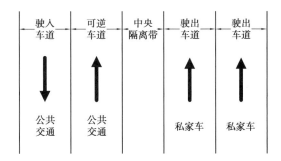

（b）公交导向专用疏散车道设置方法

图 3.1　疏散车道设置方法

　　基于以上分析,本书新增一种公交导向专用疏散车道设置方法(图 3.2),与华璟怡(2014)提出的公交导向专用疏散车道设置方法一起组成考虑背景交通的公共交通导向多模式疏散交通组织策略,其思路为:参考路段可行通行能力(剔除背景车辆已占用的路权),优先提供疏散方向上的公共交通独立路权(公交疏散专用道或者公交可逆疏散专用道),然后在疏散对向车道给予公共交通驶回路权(公交疏散驶回专用道),从而提高公共交通疏散效率;在不影响公共交通疏散网络的前提下,再分配给私家车独立路权(私家车疏散车道和私家车可逆疏散车道)。改进后的多模式疏散交通组织策略优势如下:不仅可以克服传统疏散交通组织策略中的不足,还应考虑背景交通量对疏散组织策略实施准备时间的影响,同时减少疏散策略实施时对背景车辆的清空,从而减少疏散交通对背景出行需求的影响。

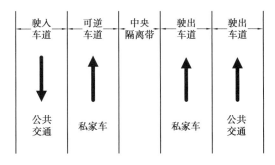

图 3.2　新增公交导向专用疏散车道设置方法

3.2.3　疏散交通组织策略初步适用条件

改进后的公交导向多模式疏散交通组织策略适用于大规模低行动力人群疏散,同时考虑了背景交通和疏散交通之间的相互影响。其包括 5 种疏散交通组织策略:公交疏散专用道、公交可逆疏散专用道、公交疏散驶回专用道、私家车疏散车道和私家车可逆疏散车道。公交导向多模式疏散交通组织策略的实施会极大地影响背景出行需求,而公交疏散专用道在提高公共交通网络疏散效率的同时会降低私家车疏散效率。为了充分利用 5 种疏散交通组织策略,不同的疏散专用道的初步适用条件见表 3.2。

表 3.2　不同疏散交通组织策略初步适用条件

策略编号	策略名称	适用条件
A F E	公交疏散专用道	$T_f \leqslant 2 \times T_r$
B G F	公交可逆疏散专用道	$T_r > 2 \times T_f$
C H G	公交疏散驶回专用道	$d_{od}^{bus} > N^{eva} \times Q$
D I I	私家车疏散车道	$T_{car} > T_{bus}$
E J H	私家车可逆疏散车道	$T_{car} > \lambda_{11} \times T_{bus}$

从表 3.2 中可知,T_f 为公共交通最优疏散路径 p_f 的疏散策略实施准备时间;T_r 为公共交通最优驶回路径 p_r 的疏散策略实施准备时间;d_{od}^{bus} 为从疏散起点到疏散终点之间的公共交通疏散需求;N^{eva} 为疏散条件下可用公交车数量;Q 为公交车的额定载客量;T_{bus} 为公共交通疏散持续时间;T_{car} 为私家车交通疏散持续时间;λ_{11} 为疏散可行交通组织策略判定参数。

（1）公共交通

考虑公共交通疏散组织策略 F、G、H 的实施方法及效应,具体过程如下:

Step 1　通过相关方法(详见 5.2 节)确定公共交通最优疏散路径 p_f 和公共

交通最优驶回路径 p_r，并分别计算它们的疏散策略实施准备时间 T_f 和 T_r，其方法为：

$$T_f = \sum_{l \in p_f} \left(1 + \frac{q_l^{\text{back}}}{c_l^{\text{aut}}} \right) \times \eta_s \times L_l \tag{3.7}$$

$$T_r = \sum_{l \in p_r} \left(1 + \frac{q_l^{\text{back}}}{c_l^{\text{aut}}} \right) \times \eta_s \times L_l \tag{3.8}$$

式中，q_l^{back} 为疏散条件下路段 l 的背景交通量；η_s 为疏散组织策略单位长度实施准备时间；c_l^{aut} 为路段 l 上机动车的基本通行能力；L_l 为路段 l 的长度。

Step 2　如果 $T_f \leqslant 2 \times T_r$，则采用策略 F，实施效应为：公共交通疏散车辆都在路径 p_f 上朝疏散终点方向行驶，禁止背景交通车辆和私家车疏散车辆驶入，清空该路径上各路段的一半背景交通车辆，公交车车速增加 v_Δ^{pub}。如果 $T_r > 2 \times T_f$，则采用策略 G，实施效应为：公共交通疏散车辆都在路径 p_r 上朝疏散终点方向行驶，该路径上设置一条公交疏散车辆专用道（清空该路径上各路段的一半背景交通车辆），公交车车速增加 v_Δ^{pub}。

Step 3　若 $d_{od}^{\text{bus}} > N^{\text{eva}} \times Q$，则采用策略 H，实施效应为：公共交通疏散车辆都在路径 p_r 上朝疏散起点方向驶回，禁止背景交通车辆和私家车疏散车辆驶入，清空该路径上各路段的一半背景交通车辆，公交车车速增加 v_Δ^{pub}。

（2）私家车

在完成公共交通疏散组织策略初步判定后，再考虑私家车疏散交通组织策略 I 和 G 的实施方法及效应，具体过程如下：

当 $T_{\text{car}} > T_{\text{bus}}$，疏散交通组织策略 I 在驶出车道实施，只有私家车能从疏散起点到疏散终点，背景交通量的一半被清除，私家车的速度增加了 v_Δ^{car}。

当 $T_{\text{car}} > \lambda_{11} \times T_{\text{bus}}$，疏散交通组织策略 J 在驶入车道实施，只有私家车能从疏散起点到疏散终点，背景交通量的全部被清除，私家车的速度增加了 v_Δ^{car}。

3.3 本章小结

　　本章以低行动力人群出行需求分析结果为支撑,考虑时空范围内低行动力人群与普通大众在多模式交通网络中的路权分配,分别设计了常态和疏散条件下的多模式交通组织策略。常态下,以优先保障低行动力人群主要依赖的非个体机动交通出行路权为目的,确定了面向低行动力人群或者不同低行动力子群的步行、非机动车和公共交通组织策略设计方法及其初步适用条件和实施效应。在疏散条件下,以优先提高公共交通网络疏散效率为目的,提出了考虑背景交通的公交导向多模式疏散交通组织策略设计方法及其初步适用条件和实施效应,为后续研究提供了建模导向。

第4章 常态下多模式交通网络设计模型

常态下多模式交通网络优化设计方法将以优先满足低行动力人群出行需求为目的,合理均衡步行、非机动车、私家车和公共交通模式之间的路权分配,其核心是如何描述和处理步行、非机动车、私家车和公共交通之间在路权分配上的博弈关系,如何分析和处理低行动力人群和普通大众出行方式选择权之间的博弈关系,以及如何通过常态下多模式交通组织策略去保障低行动力人群非个体机动交通的出行路权。本章以低行动力人群出行需求分析结果为支撑,把常态下多模式交通组织策略与模型之间的联系作为建模导向,构建基于低行动力人群出行需求的多模式常态交通网络优化设计模型,从而改善非个体机动交通(低行动力人群的主要出行方式)的出行环境。

4.1 问题描述与模型概述

常态下多模式交通网络设计研究需要考虑不同交通模式路权分配之间的博弈竞争关系,其中,第一种:在多模式交通系统中,步行、非机动车和机动车道占有空间之间存在的博弈关系,任何一种模式交通网络设计方案都可能会影响其他模式交通网络设计方案;第二种:在机动车系统中,公共交通和私家车交通模式路权分配之间存在的博弈关系,公共交通和私家车之间路径规划将会相互影响。此外,本书以优先满足低行动力人群出行需求为目的,常态下多模式交通网络优化设计还要考虑第三种:在非个体机动交通系统中,低行动力人群和普通大众出行选择权之间存在的博弈关系。

然而,已有的多模式交通网络设计研究,通常仅考虑第一种博弈关系,很少同时考虑以上 3 种博弈关系。本书第 2 章对低行动力人群出行需求进行了详细分析,为第一种和第二种博弈关系描述和处理提供了参考,为第三种博弈关系描述与分析提供了理论基础。本书 3.1 节分别研究了面向低行动力人群或不同低行动力子群的步行、非机动车和公共交通组织策略来保障低行动力人群在非个体机动交通系统中的出行路权,为第一种和第二种博弈关系描述和处理提供了建模导向,为第三种博弈关系描述与分析提供了参考借鉴。

本章以低行动力人群出行需求分析结果为支撑,把常态下多模式交通组织策略设计作为建模导向,构建基于低行动力人群出行需求的多模式常态交通网络优化设计模型,即同时考虑 3 种博弈关系,以优先满足低行动力人群在非个体机动交通系统中出行需求为目的。模型流程如图 4.1 所示,具体步骤如下:

Step 1   输入量加载。

Step 1.1   把居民出行 OD 调查数据换算成高峰小时多模式出行需求。

Step 1.2   把低行动力人群中长距离(大于 30 min)非机动车出行需求转化为低行动力人群的公共出行需求(我国公共交通服务常常不能满足所有居民的公共出行需求,而潜在的公共出行需求多为低行动力人群的非机动车中长距离出行需求)。

Step 1.3   通过数据处理分别获得不同出行方式不同群组的出行需求 $d_{ij,g}^{m}$。

Step 1.4   输入多模式出行需求 $d_{ij,g}^{m}$ 和路网矩阵。

Step 2   公交常态路径规划。

将 Step 1 中的公共交通不同群组的出行需求 $d_{ij,g}^{\mathrm{bus}}$ 加载至公共交通网络,通过构建的常态公交路径选择模型优化得到公交线网设计方案,同时得到每条公交线路上可以获得公交服务的不同群组公共交通出行需求 $d_{ij,g}^{n}$,以及未能获得公交服务的不同群组公共出行需求 $d_{ij,g}^{\mathrm{no}}$。

Step 3   其他交通模式常态路径规划。

Step 3.1   为了更好地改善自行车出行环境,把 Step 2 中未获得公交服务的不同群组的公共出行需求 $d_{ij,g}^{\mathrm{no}}$ 转化成不同群组的电动车出行需求 $d_{ij,g}^{\mathrm{elec}}$。

Step 3.2　分别将不同群组的步行出行需求 $d_{ij,g}^{\mathrm{wal}}$、非机动车出行需求 $d_{ij,g}^{\mathrm{bik}}$、自行车出行需求 $d_{ij,g}^{\mathrm{bicy}}$、电动车出行需求 $d_{ij,g}^{\mathrm{elec}}$ 和私家车出行需求 $d_{ij,g}^{\mathrm{car}}$ 加载至步行、非机动车和私家车交通网络。

Step 3.3　基于构建随机用户静态平衡分配模型,分别确定步行、非机动车和私家车出行路径选择方案,分别得到各个路段上不同群组的步行交通量 $q_{l,g}^{\mathrm{wal}}$、非机动车交通量 $q_{l,g}^{\mathrm{bik}}$ 和私家车交通量 $q_{l,g}^{\mathrm{car}}$。

Step 4　初步设计方案。

结合 Step 2 和 Step 3 中得到的结果,基于 3.1.4 节中不同常态交通组织策略初步适用条件,得到多模式常态可行交通组织策略,即多模式常态交通网络初步设计方案。

Step 5　优化设计方案。

采用常态策略选择模型对常态可行交通组织策略进行选择,从而得到常态下多模式交通网络优化设计方案。

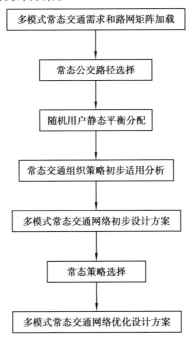

图 4.1　多模式常态交通网络优化设计模型

4.2　常态公交路径选择

因我国城市人口密度高和公共交通资源有限,低行动力人群公共交通服务可达性低,故迫切地需要设计一套以优先满足低行动力人群公共出行需求的公交线网方案。再者,近几十年来,公共交通系统发展得到我国政府的大力关注,交通规划者在公共交通网络优化设计方面付出了相当大的努力,已形成了一套有效的公交线网方案设计方法。

基于以上分析,在常态公交路径选择时,可以作如下 3 个假设。

①公共交通资源有限,假设路径数量是恒定的,且满足公共交通运输最大可用车队规模是固定的。

②假设每条公交线路的首末站是已知的。

③在公共交通和私家车之间的路权分配博弈中,优先考虑满足公共出行需求,假设公交车辆不考虑道路拥挤度。

另外,为了计算方便,3 个假设如下:

①每辆公交车的额定载客量是相同的。

②任何超过一次换乘的公交出行都被认为是未获得公交服务的出行需求。

③每条线路和它的逆向线路拥有相同的发车频率和运营路线。

4.2.1　模型构建

与以往的公交路径选择模型不同,该模型需要考虑普通大众和低行动力人群公交出行选择权的博弈关系,参考 Fan 和 Machemehl(2006,2008)的建模方法,常态公交路径选择模型为:

目标函数

$$
\min Z = \begin{pmatrix} W_1^{\text{bus}} \times \left(W_4^{\text{bus}} \times \sum\limits_{i \in V} \sum\limits_{j \in V} \sum\limits_{n \in DR_{ij}} d_{ij,\text{LMI}}^n \times t_{ij}^n + W_5^{\text{bus}} \times \sum\limits_{i \in V} \sum\limits_{j \in V} \sum\limits_{n \in DR_{ij}} d_{ij,\text{GP}}^n \times t_{ij}^n \right) + \\[2mm] W_2^{\text{bus}} \times \left(W_6^{\text{bus}} \times \sum\limits_{i \in V} \sum\limits_{j \in V} \sum\limits_{tr \in TR_{ij}} d_{ij,\text{LMI}}^{tr} \times t_{ij}^{tr} + W_7^{\text{bus}} \times \sum\limits_{i \in V} \sum\limits_{j \in V} \sum\limits_{tr \in TR_{ij}} d_{ij,\text{GP}}^{tr} \times t_{ij}^{tr} \right) + \\[2mm] W_3^{\text{bus}} \times \left[T_{\text{LMI}}^{\text{no}} \times \left(\sum\limits_{i \in V} \sum\limits_{j \in V} d_{ij,\text{LMI}}^{\text{bus}} - \sum\limits_{i \in V} \sum\limits_{j \in V} \sum\limits_{n \in DR_{ij}} d_{ij,\text{LMI}}^n - \sum\limits_{i \in V} \sum\limits_{j \in V} \sum\limits_{tr \in TR_{ij}} d_{ij,\text{LMI}}^{tr} \right) + \\[2mm] T_{\text{GP}}^{\text{no}} \times \left(\sum\limits_{i \in V} \sum\limits_{j \in V} d_{ij,\text{GP}}^{\text{bus}} - \sum\limits_{i \in V} \sum\limits_{j \in V} \sum\limits_{n \in DR_{ij}} d_{ij,\text{GP}}^n - \sum\limits_{i \in V} \sum\limits_{j \in V} \sum\limits_{tr \in TR_{ij}} d_{ij,\text{GP}}^{tr} \right) \right] \end{pmatrix}
$$

$$(4.1)$$

$$t_{ij}^n = \frac{L_{ij}^n}{v_{\text{bus}}} \tag{4.2}$$

$$t_{ij}^{tr} = \frac{L_{ij}^{tr}}{v_{\text{bus}}} \tag{4.3}$$

常态下,式(4.1)中,Z 为模型的目标函数值;W_x^{bus} 为权重系数,$x = 1$、2、3、4、5、6 和 7;$T_{\text{LMI}}^{\text{no}}$ 和 $T_{\text{GP}}^{\text{no}}$ 分别为一个未获得公交服务的低行动力人群和普通大众的时间成本;V 为路网的节点集合;DR_{ij} 和 TR_{ij} 分别为服务从节点 i 到 j 公共出行需求的直达线路和换乘线路集合;$d_{ij,\text{LMI}}^n$ 和 $d_{ij,\text{GP}}^n$ 分别为在公交线路 n 上,低行动力人群和普通大众从公交站点 i 到 j 可以获得直达公交服务的客流需求;$d_{ij,\text{LMI}}^{tr}$ 和 $d_{ij,\text{GP}}^{tr}$ 分别为公交换乘线路 tr 上,低行动力人群和普通大众从公交站点 i 到 j 可以获得换乘公交服务的客流需求;$d_{ij,\text{LMI}}^{\text{bus}}$ 和 $d_{ij,\text{GP}}^{\text{bus}}$ 分别为 OD 对 ij 之间,低行动力人群和普通大众公共出行需求;t_{ij}^n 为公交线路 n 上,从公交站点 i 到 j 的出行时间,计算方法见式(4.2);t_{ij}^{tr} 为公交换乘线路 tr 上,从公交站点 i 到 j 的出行时间,计算方法见式(4.3);L_{ij}^n 和 L_{ij}^{tr} 分别为公交线路 n 和公交换乘线路 tr 上从公交站点 i 到 j 的运营长度;v_{bus} 为公交车运营速度。

约束条件

$$L_{\min} \leqslant L_n \leqslant L_{\max} \tag{4.4}$$

$$h_{\min} \leqslant h_n \leqslant h_{\max} \tag{4.5}$$

$$f_n^{\max} \leqslant Q \tag{4.6}$$

$$\sum_{n \in N} \frac{2 \times 60}{h_n} = N^{\mathrm{nor}} \tag{4.7}$$

常态下,式(4.4)—式(4.7)中,N 为公交线路的集合;L_n 为公交线路 n 的总长度;$L_{\max}$ 和 $L_{\min}$ 分别为公交线路的最大和最小长度;h_n 为公交线路 n 的车头时距;$h_{\max}$ 和 $h_{\min}$ 分别为公交线路的最大和最小长度车头时距;$f_n^{\max}$ 为公交线路 n 上的一辆公交车的最大乘载客流;N^{nor} 为 1 h 运营时间内可提供的最大公交车队规模。

目标函数[式(4.1)]是在寻找公共交通乘客直达出行(第一部分)、换乘出行(第二部分)和未能获得服务(第三部分)的成本加权和的最小值。参数 W_1^{bus}、W_2^{bus} 和 W_3^{bus} 反映了 3 种不同出行成本之间的权衡取舍,使公交路径选择问题成为多目标优化问题。低行动力人群和普通大众公共交通出行权之间的博弈竞争关系主要体现在 3 个部分成本的内部。例如,在第一部分,参数 W_4^{bus} 和 W_5^{bus} 反映了低行动力乘客和普通乘客直达出行成本之间的博弈关系;在第二部分,参数 W_6^{bus} 和 W_7^{bus} 反映了低行动力乘客和普通乘客换乘出行成本之间的博弈关系;在第三部分,参数 $T_{\mathrm{LMI}}^{\mathrm{no}}$ 和 $T_{\mathrm{GP}}^{\mathrm{no}}$ 反映了未满足公交服务的低行动力人群和普通大众出行成本之间的博弈关系。这些参数的大小主要依赖于专家学者的判定,相互之间的关系初定为:$W_3^{\mathrm{bus}} > W_2^{\mathrm{bus}} > W_1^{\mathrm{bus}}$,$W_4^{\mathrm{bus}} > W_5^{\mathrm{bus}}$,$W_6^{\mathrm{bus}} > W_7^{\mathrm{bus}}$,$T_{\mathrm{LMI}}^{\mathrm{no}} > T_{\mathrm{GP}}^{\mathrm{no}}$。式(4.4)是公交线路长度限制,可以避免线路太长或者太短,从而保证公共交通运营效率。式(4.5)是公交线路车头时距(发车频率)限制,反映了极端条件下车头时距的大小需要遵循调度管理指引(过高导致公共交通浪费资源和过低导致无法实现运营调度)。式(4.6)确保了在任何公交线路上最大客流不能超过公交车标准的定员限制(核定载客量)。式(4.7)反映了公共交通资源限制,确保每一种公交线网设计方案使用相同公交车数量(公共交通网络服务不可能满足所有公共出行需求,所有的公交车都会被投入运营)。需要注意的是,每条公交线路可满足的不同群组公共出行需求通过不同群组在公交站点的客流吸引率计算得到(详见 3.1.4 节)。

4.2.2　求解过程

本小节建立常态公交路径选择求解方法,即把原有公交线网方案作为重要参考依据,使公交线网优化方案尽量保留原有方案的高乘载客流线路或者路段,不轻易打乱居民的出行习惯,最终满足居民公共出行需求。3 种线路配置调整程度被建议:①大调;②微调;③不改变。

不同启发式算法性能(优化质量和运算时间)不同,可分别解决不同类型的公交路径选择问题。但随着公共交通网络愈加复杂,优化要求增多,一些研究学者逐渐倾向于采用混合启发式算法去求解公交路径选择问题。基于此,为了达到求解要求(不同的线路根据实际需要进行不同程度的配置调整),一种混合的启发式算法,命名为 ACA-GA[将蚁群算法(ACA)整合进遗传算法(GA)],被建议用来解决常态公交路径选择问题。求解过程主要包括大调过程和微调过程,流程如图 4.2 所示。在大调过程中,基于蚁群算法对"原有方案"(现有公交线网方案)进行大调优化,主要是对一些需要产生大规模配置变化的公交线路进行配置调整;在微调过程中基于遗传算法对大调后的公交线路进行配置上的微调(如果不需要将不进行调整)和发车频率的优化,从而得到"优化方案"(公交线网优化方案)。ACA-GA 求解算法不仅减少了搜索范围和改善了优化质量,而且使优化方案继承了原有方案的优秀基因(高乘载客流线路或路段)。

(1)编码准则

公交网络方案可以由 N^{bus}(公交线路数量)条不同可变长度的整数字符串(每条整数字符串代表一条公交线路)组成,不同的编码方式可以表示不同的公交网络方案。编码方法如图 4.3 所示,其中,图 4.3(a)中道路网络由 10 站点和 19 个路段组成;图 4.3(b)中的公交线网方案包含 3 条公交线路,圆圈表示的公交站点为始末站,方块表示的公交站点为中间站。

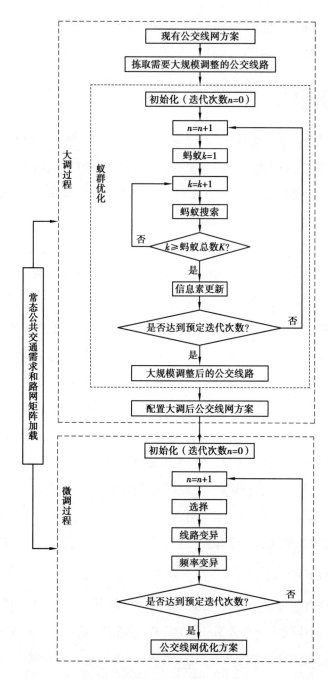

图 4.2 ACA-GA 算法求解过程

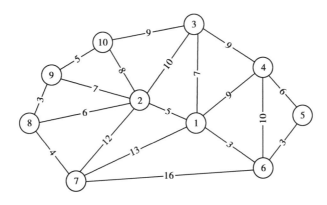

(a)道路网络

编号	图示	符号
1	⑦—12→▢2—10→▢3—7→▢1—3→⑥	7,2,3,1,6
2	⑨—5→▢10—8→▢2—10→▢3—9→④	9,10,2,3,4
3	⑧—4→▢7—13→▢1—9→▢4—10→⑥	8,7,1,4,6

(b)公交网络方案

图 4.3　编码方法

（2）大调过程

在公交线网大调过程中,需要单独优化每条公交线路的路径选择,本书中公交线路的首末站是已知的,在现有的启发式算法中,蚁群算法适合被用来解决公交线路配置大调(大规模调整)问题。从以往的研究中可知,如何定义搜索过程中的信息素轨迹是蚁群算法关键技术之一,而本节公交线网大调过程的主要目的是对需要进行大规模配置调整的公交线路进行初步优化。基于以上分析,本书参考 Yang 等(2007)的蚁群算法,构建了基于蚁群算法的公交线路大调方法,即以直达出行者密度作为信息素轨迹指标,把公交车辆、起始站和终点站分别当成蚂蚁、巢穴和食物源,以最短的运营距离尽可能多地满足公共出行需求为目的,最终寻找一条从起始站到终点站的公交线路。与 Yang 等(2007)的蚁群算法不同是,建议蚁群算法的局部信息素为公交线路 n 在路段上的乘载客流。

基于蚁群算法的公交线路配置大调的求解过程为:

Step 1　加载现有公交线网方案、公共出行需求和路网矩阵。

Step 2　通过拣取操作得到需要大规模配置调整的公交线路。

Step 3　对每条需要大规模配置调整的公交线路进行蚁群优化,优化步骤如下:

Step 3.1　输入一条公交线路的始末站。

Step 3.2　初始化,迭代次数 $n=0$。

Step 3.3　初始化,蚂蚁 $k=1$。

Step 3.4　蚂蚁 k 通过蚂蚁搜索操作得到公交路径。

Step 3.5　如果 k 小于蚂蚁总数 K,则 $k=k+1$,返回 Step 3.4。

Step 3.6　进行信息素更新操作,实现多次蚂蚁搜索的经验积累。

Step 3.7　检验是否达到预定的迭代次数,如果未达到,$n=n+1$,返回 Step 3.3。

Step 3.8　得到大规模配置调整后的公交线路。

Step 4　得到大规模配置调整后的公交线网。

1)拣取

为了判断原有方案中哪些公交线路需要发生大规模配置变化,拣取操作把公交线路直达出行者密度作为判断指标。如果公交线路直达出行者密度低,则需要进行基于蚁群算法的公交线路大规模配置调整过程。如此操作会减少被优化的公交线路数量,公交线路 n 的直达出行者密度 Dd_n 定义如下:

$$Dd_n = \sum_{i \in V} \sum_{j \in V} \frac{d_{ij}^n}{L_n} \tag{4.8}$$

式中,d_{ij}^n 为公交线路 n 可以满足从节点 i 到节点 j 的公共交通直达需求。

2) 蚂蚁搜索

蚁群算法是经过蚂蚁多次路径搜索过程,基于经验积累,得到最优路径配置。在每次蚁群搜索中,在信息素和可见量影响下,K(恒定整数)只蚂蚁从起始站出发,最终到达终点站。

信息素是随着蚂蚁搜索次数增加,基于一定规则持续进行更新的。需要注意的是,在第一次蚁群搜索前,需要对信息素矩阵进行初始化操作,定义从节点 i 到 j 的初始信息素 τ_{ij} 为:

$$\tau_{ij} = \frac{d_{ij}^{\text{bus}}}{L_{ij}} \tag{4.9}$$

式中,d_{ij}^{bus} 为从节点 i 到 j 的公共出行需求;L_{ij} 为从节点 i 到 j 的最短路径长度。

可见量在每次蚁群搜索过程中是相对固定的,定义从节点 i 到 j 的可见量 η_{ij} 为:

$$\eta_{ij} = \frac{d_{n,j}^{\text{up}}}{L_l}, l = (i,j) \in E \tag{4.10}$$

式中,$d_{n,j}^{\text{up}}$ 为公交线路 n 上节点 j 的上游需求和,其描述和计算详见本小节微调过程中的线路变异部分;L_l 为路段 l 的长度;E 为路网的路段集。

每次蚁群搜索,为了在最短搜索路径(公交线路最短)内获得更多的信息素(满足更多的公共出行需求),蚂蚁 k 从节点 i 移动到节点 j 的概率 p_{ij}^k 受信息素和可见量影响,被定义为:

$$p_{ij}^k = \begin{cases} \dfrac{(\tau_{ij})^\alpha \times (\eta_{ij})^\beta}{\sum\limits_{h \notin \text{tabu}_k} (\tau_{ih})^\alpha \times (\eta_{ih})^\beta}, & \text{如果 } j \notin \text{tabu}_k \\ 0, & \text{其他} \end{cases} \tag{4.11}$$

式中,h 为与节点 i 直接相连的节点;tabu_k 为蚂蚁 k 的不可转移的节点集合;α 和 β 分别为信息素和可见量的影响参数。

3) 信息素更新

蚁群搜索(多次蚂蚁搜索)的经验积累主要通过路段信息素量的大小来表

现,信息素的更新方法将直接影响蚁群的搜索过程。当一个路段的信息素量高时,意味着蚂蚁在下一次搜索中选择这个路段的概率大。在每次蚁群搜索结束后,只有蚂蚁成功(从起始站到达终点站,并且满足公交线路限制要求)搜索得到的路径所经过路段的信息素才会增加。增加的信息素与路段的全局信息素(公交线路直达出行密度)和局部信息素(公交线路在该路段的乘载客流)相关,信息素增加方法为:

$$\Delta\tau_{n,ij}^{k} = \begin{cases} \dfrac{Dd_n^k + f_{n,ij}^k/L_{ij}}{\delta \times (n_s^k + 2)}, & \text{如果}(i,j)\text{ 在 } n_k \text{ 上} \\ \\ 0, & \text{其他} \end{cases} \tag{4.12}$$

式中,n_k 为蚂蚁 k 成功搜索到的公交线路 n;$\Delta\tau_{n,ij}^k$ 为公交线路 n_k 上路段(i,j)增加的信息素;Dd_n^k 为公交线路 n_k 的直达出行者密度;$f_{n,ij}^k$ 为公交线路 n_k 上路段(i,j)的乘载客流;δ 为增加信息素的调整参数;n_s^k 为公交线路 n_k 的公交站点数量。

在一次蚁群搜索结束后,信息素矩阵的更新方法为:

$$\tau_{ij}^{new} = (1-\rho) \times \tau_{ij}^{old} + \sum_{k=1}^{K} \Delta\tau_{n,ij}^k \tag{4.13}$$

式中,τ_{ij}^{new} 和 τ_{ij}^{old} 分别为更新后和更新前路段(i,j)的信息素;ρ 为蒸发系数。

(3)微调过程

在公交线网微调过程中,需要考虑不同公交线路之间的相互影响,在已有的启发式算法中,遗传算法适合被应用在公交线网的微调优化过程中。从以往的研究中可知,遗传算法一般包括选择、交叉和变异操作,其中,选择操作是为了挑选即将交叉和变异的公交线路或者公交线网;交叉操作一般会使公交线路配置发生明显变化;变异操作一般会使公交线路配置发生微小变化。根据微调过程的优化要求(公交线路配置仅发生微小变化),本书构建了基于遗传算法的微调优化方法,即剔除交叉操作,提高选择操作中的选择概率,精心设计使公交线路配置发生微小变化的线路变异操作。此外,微调过程优化方法还增加了频率变异操作,以达到调整发车频率(车头时距)的目的,同时可以考虑不同公交线路之间的相互影响。

基于遗传算法的公交线网配置微调的求解过程为:

Step 1　加载公共出行需求和路网矩阵,把大调过程得到的公交线网方案输入为当前方案。

Step 2　初始化,迭代次数 $n=0$。

Step 3　对当前方案进行选择操作。

Step 4　对选择操作得到公交线路分别进行线路变异操作。

Step 5　对完成 Step 3 和 Step 4 后的公交线网进行频率变异操作,得到候选方案。

Step 6　检验是否达到预定的迭代次数,如果未达到,把候选方案设置为当前方案, $n=n+1$,返回 Step 3。

Step 7　从候选方案中挑选目标函数值最优的为优化公交线网方案。

1)选择

选择操作是在当前方案中选择即将进行线路变异的公交线路(随机选择方法被建议用来确定哪些公交线路被选择)。考虑公交线网微调优化求解过程的时间不宜过长,随着网络规模增加,被选择公交线路的百分比减小。例如,当公交线路的数量是 5,被选择的百分比是 1(选择 5 条);当公交线路的数量是 10时,被选择的百分比变为 0.8(选择 8 条)。

2)线路变异

为了使公交线路配置仅发生微调,考虑公交线路的首末站已知,线路变异中仅基于公共出行需求进行公交线路中间站位置调整。以图 4.3(b)中的公交线路 1 为例,线路变异的具体步骤如下(站点即为公交站点):

Step 1　搜索可变异的中间站。

Step 1.1　发现公交线路的中间站。例如,公交线路的中间站为站点 2、3和 1。

Step 1.2　发现每个中间站的两个内邻近站点(邻近站点与中间站直接相连且在公交线路上)。例如,中间站 2 的内邻近站点是站点 3 和 7,中间站 3 的内邻近站点是站点 2 和 1,中间站 1 的内邻近站点是站点 3 和 6。

Step 1.3　发现每个中间站外邻近站点(邻近站点与中间站直接相连且不在公交线路上)。例如,中间站 2 的外邻近站点是站点 8、9 和 10,中间站 3 的外邻近站点是站点 4 和 10,中间站 1 的外邻近站点 4。

Step 1.4　发现每个中间站的可突变站点,这些站点需要同时直接与两个内邻近站点直接相连,且是中间站的外邻近站点。例如,中间站 1 的可突变站点是站点 4(站点 4 直接与中间站 1 的两个内邻近站点 3 和 6 相连,且是中间站 1 的外邻近站点),中间站 2 和 3 没有可突变站点。

Step 1.5　得到可变异的中间站,这些中间站拥有可突变站点。例如,站点 1 是可变异的中间站。

Step 2　使可变异的中间站发生变异。

Step 2.1　发现一个可变异的中间站,并把此中间站和它的可突变站点作为候选站。例如,可变异的中间站为站点 1,候选站为站点 1 和 4。

Step 2.2　发现公交线路上每个候选站的公共出行需求,包括上游需求(候选站所有上游站点到此候选站的需求)和 $d_{n,j}^{\mathrm{up}}$ 与下游需求(候选站到此候选站所有下游站的需求)和 $d_{n,j}^{\mathrm{down}}$。例如,候选站 1 的上游需求是 d_{71}^{bus}、d_{21}^{bus} 和 d_{31}^{bus},上游需求和 $d_{1,1}^{\mathrm{up}}=d_{71}^{\mathrm{bus}}+d_{21}^{\mathrm{bus}}+d_{31}^{\mathrm{bus}}$;候选站 1 的下游需求是 d_{16}^{bus},下游需求和 $d_{1,1}^{\mathrm{down}}=d_{16}^{\mathrm{bus}}$;候选站 4 的上游需求是 d_{74}^{bus}、d_{24}^{bus} 和 d_{34}^{bus},上游需求和 $d_{1,4}^{\mathrm{up}}=d_{74}^{\mathrm{bus}}+d_{24}^{\mathrm{bus}}+d_{34}^{\mathrm{bus}}$;候选站 4 的下游需求是 d_{46}^{bus},下游需求和 $d_{1,4}^{\mathrm{down}}=d_{46}^{\mathrm{bus}}$。

Step 2.3　对比所有候选站的总公共出行需求(上游需求与下游需求之和),然后通过竞争选择策略从所有候选站中选择公交线路的新中间站(总公共出行需求越大,候选站被选择为新中间站的概率越大)。例如,假如$(d_{1,1}^{\text{up}}+d_{1,1}^{\text{down}})<$ $(d_{1,4}^{\text{up}}+d_{1,4}^{\text{down}})$,则候选站 4 比候选站 1 被选择的概率就大;反之亦然。例如,假如选择候选站 4,公交线路配置会发生微调变为 7、2、3、4、6;假如选择候选站 1,公交线路配置就没发生变化。

3)频率变异

在确保投入运营公交车数量恒定的情况,频率变异过程使公交线路的发车频率(车头时距)发生增加或者减少,具体步骤如下:

Step 1　发现频率可以增加的公交线路(车头时距都小于 $h_{\max}$),然后通过竞争选择策略(线路的直达出行密度越大,被选择的概率就越大),选取 N_h 条线路,并增加其发车频率。

Step 2　发现频率可以减少的公交线路(车头时距都大于 $h_{\min}$),然后通过竞争选择策略(线路的直达出行密度越小,被选择的概率就越大),选取 N_h 条线路,并减少其发车频率。

4.3　随机用户静态平衡分配

在常态下多模式交通网络优化设计中,基于 4.2 节确定公共出行需求出行路径后,需要确定步行、非机动车和私家车出行路径,即交通流分配。常态下多模式交通网络优化设计属于较长期交通系统规划,交通组织策略需要适应不同时间的交通量,经常以高峰时间交通流为基础数据,可以认为在交通分配中是固定的。静态交通分配适合对常态下步行、非机动车和私家车交通流进行分配。

路径选择是交通流分配的核心问题之一,常常以 Wardrop 第一原理为指导思想,确定出行者路径选择行为,进而形成交通流分布形态。由于出行者在路径选择时不可能完全掌握所有路网信息,因此使用随机用户交通分配模型可以很好地反映出行者的实际出行情况。本节研究内容是多模式随机用户静态交通平衡问题,主要应用于常态下多模式(步行、非机动车和私家车)交通流分配。首先,结合交通平衡理论和 Logit 模型,分析随机用户静态交通均衡条件;然后,根据低行动力人群出行需求分析和常态下多模式交通组织策略设计方法,建立考虑低行动力人群出行特征的多模式出行费用函数;最后,基于变分不等式理论,构建与随机用户静态交通均衡条件等价的变分不等式模型,并引用连续权重平均法(MSWA)对模型进行求解。

4.3.1 随机用户静态交通均衡分析

随机用户平衡(Stochastic User Equilibrium,SUE)问题是出行者把路径阻抗当作随机变量,遵循 Wardrop 第一平衡原理,选择估计出最短出行路径。在不同交通模式(步行、非机动车和私家车)下,一个 OD 对间一般存在多条不同候选路径,任意一条候选路径之间的出行量都与该路径的期望出行费用成反比。假设当多模式交通模式网络达到平衡时,任何出行方式的出行者都不可以减少路径出行费用,就可以用 Logit 模型来描述不同出行方式的出行者对不同候选路径的偏好,见式(4.14);不同群组不同出行方式在路径上的出行需求的计算方法,见式(4.15)。

$$q_{ij,p}^m = d_{ij}^m \times \frac{\exp\left[-\theta_1 \times C_{ij,p}^m\right]}{\sum\limits_{p \in P_{ij}^m} \exp\left[-\theta_1 \times C_{ij,p}^m\right]} \tag{4.14}$$

$$q_{ij,p}^{m,g} = q_{ij,p}^m \times \frac{d_{ij,g}^m}{d_{ij}^m} \tag{4.15}$$

常态下,式(4.14)和式(4.15)中,P_{ij}^m 为 OD 对 ij 之间的不同出行方式(此处 m 仅可以表示为 wal、bik 和 car,即步行、非机动车和私家车)的有效路径集合,p 为其中一条有效路径;d_{ij}^m 为 OD 对 ij 之间不同出行方式的出行需求;$q_{ij,p}^m$ 为 OD 对 ij 之间路径 p 上分配的不同出行方式的交通量(加载的为 1 h 内的出行需求）；$C_{ij,p}^m$ 为 OD 对 ij 之间路径 p 上不同出行方式的出行费用；θ_1 为路径选择费用调整参数；$q_{ij,p}^{m,g}$ 为 OD 对 ij 之间路径 p 上分配的不同出行方式不同群组（此处 g 表示为 GP、LMI、OA+DI、LI，分别代表普通大众、低行动力人群、老年和残疾人群、低收入人群）的交通量；$d_{ij,g}^m$ 为 OD 对 ij 之间不同出行方式不同群组的出行需求。

步行、非机动车和私家车 1 h 内的出行需求 OD 和路径上交通量满足以下约束条件：

$$\sum_{p \in P_{ij}^m} q_{ij,p}^m = d_{ij}^m, ij \in IJ \tag{4.16}$$

式中，IJ 为 OD 对集合，ij 为其中一个元素。

4.3.2　费用函数

假设一条路径由多个路段和交叉口组成，不同出行方式下各个路段和交叉口出行费用相互独立，一条路径的广义出行费用可以表示为各个路段和交叉口出行费用之和：

$$C_{ij,p}^m = \sum_{l \in p} \sum_{z \in p} (C_l^m + C_z^m) \tag{4.17}$$

常态下，式（4.17）中，C_l^m 为路段 l 的不同出行方式的出行费用；C_z^m 为交叉口 z 的不同出行方式的出行费用。

本节提出的多模式交通费用函数有以下特点：

①以往的费用函数在考虑路段出行时间时，仅考虑路段交通量形成的交通阻抗。但是，机动车道、非机动车道和人行道之间存在道路空间分配的博弈，步行、非机动车和机动车交通出行安全之间存在相互影响。在此提出改进的路段出行时间计算方法，不仅考虑路段交通量造成的出行阻抗，还需考虑安全因素（车道宽度和是否存在隔离措施）造成的出行阻抗。道路隔离措施包括中央隔离带、机非隔离带和人车分离设施。中央隔离带是机动车辆和对向机动车辆的

隔离措施(快速路、主干路和次干路一般都存在),已经在私家车出行速度方面体现,这里不再考虑;机非隔离带是机动车道和非机动车道之间的隔离带,私家车和非机动车的出行安全之间会相互影响;人车分离设施是用来隔离非机动车道和人行道的,非机动车交通对步行交通出行安全影响很大,但可以忽略步行交通对非机动车交通出行安全的影响。当人车分离设施和机非隔离都没有的时候,步行交通出行安全将会同时受到非机动车和机动车交通的影响。

②私家车路段出行费用包括路段出行时间和出行燃油费,即使一条路径出行时间很短,但出行燃油费很高,出行者可能会选择出行时间适中和燃油费不高的其他路径;非机动车和步行路段出行费用仅需考虑路段出行时间,因为自行车和步行出行方式是绿色和无污染的,不产生出行燃油费。

③交叉口一般分为信号交叉口和无信号交叉口,计算不同交叉口出行费用时需要采用不同方法。

（1）私家车

私家车路段出行费用由路段出行时间和路段出行燃油费两个因素组成,其中,路段出行时间受路段机动车交通量和通行能力限制,可以使用 BPR(Bureau of Public Roads)函数计算;路段出行燃油费可通过路段长度乘以私家车单位长度燃油费得到。基于线性加权法,私家车路段出行费用计算方法为:

$$C_l^{car} = W_1^{car} \times \sigma_{car} \times t_l^{car} \times [1 + \alpha_1 \times (r_l^{car})^{\beta_1}] + W_2^{car} \times \eta \times \rho_{car} \times L_l \quad (4.18)$$

$$t_l^{car} = \frac{L_l}{v_l^{car}} \quad (4.19)$$

$$\sigma_{car} = 1 + \varphi \times \psi_{l,bik}^{car} \times r_l^{car} \times r_l^{bik} \times \frac{w_s^{car}}{w_l^{car}} \quad (4.20)$$

常态下,式(4.18)—式(4.20)中,C_l^{car} 为路段 l 的私家车出行费用;t_l^{car} 为路段 l 的私家车出行时间;α_1 和 β_1 都是 BPR 函数中的调整参数;σ_{car} 为私家车安全影响系数;η 为货币费用-出行时间的折算系数;ρ_{car} 为单位长度燃油费;W_1^{car} 和

W_2^{car} 为权重系数；v_l^{car} 为路段 l 的私家车出行速度；φ 为安全调整系数；$\psi_{l,bik}^{car}$ 为路段 l 的机非隔离带存在判定系数；w_s^{car} 为私家车道的最优（标准）车道宽度；w_l^{car} 为路段 l 上的私家车道宽度。

在式(4.18)中，第一部分是路段出行时间；第二～路段出行燃油费；W_1^{car} 和 W_2^{car} 分别反映第一部分和第～(4.20)表示当机非隔离带不存在时，路段非机动车～机动车道宽度越窄，安全因素造成的私家车出行阻～～存在时，安全因素造成的私家车出行阻抗为 0。

私家车交叉口过街出行费用由过街时间决定（距离较短，忽略燃油费）。

在信号交叉口，基于物理排队（考虑车辆长度，适用于拥堵路段和交叉口）方法进行私家车过街出行费用计算，其表达式为：

$$C_z^{car} = \vartheta_l \times \left(\frac{T_{red}^l}{2} + r_l^{car} \times \frac{N_l^{car} \times L_{car}}{v_l^{car}} + \frac{L_l^z}{v_l^{car}} \right) \tag{4.21}$$

$$l = (i,j), z = j$$

常态下，式(4.21)中，C_z^{car} 为交叉口 z 的私家车出行费用；T_{red}^l 为路段 l 对应交叉口的红灯时间；N_l^{car} 为通过路段 l 对应交叉口的私家车数量；L_{car} 为私家车的标准长度；ϑ_l 为路段 l 对应交叉口的行驶方向系数；$l=(i,j)$，$z=j$ 表明交叉口 z 是路段 l 的对应交叉口。

在无信号交叉口，基于点排队（不考虑车辆长度，适用于不拥堵路段和交叉口）方法进行私家车过街出行费用计算，其表达式为：

$$C_z^{car} = \vartheta_l \times \frac{L_l^z}{v_l^{car}} \times (1 + r_l^{car})$$

$$l = (i,j), z = j \tag{4.22}$$

在式(4.21)和式(4.22)中，路段 l 的私家车交通饱和度是描述交叉口的拥挤度，即私家车交通饱和度越大，私家车通过交叉口的排队（过街）时间越长。

（2）非机动车

非机动车路段出行费用由路段出行时间决定,其路段出行时间同样受到路段流量和通行能力的影响,为了便于计算,这里采用 BPR 函数,非机动车路段出行费用计算方法为:

$$C_l^{bik} = \sigma_{bik} \times t_l^{bik} \times [1 + \alpha_1 \times (r_l^{bik})^{\beta_1}] \qquad (4.23)$$

$$t_l^{bik} = \frac{L_l}{v_l^{bik}} \qquad (4.24)$$

$$v_l^{bik} = \frac{q_l^{bic}}{q_l^{bik}} \times v_l^{bic} + \frac{q_l^{ele}}{q_l^{bik}} \times v_l^{ele} \qquad (4.25)$$

$$\sigma_{bik} = 1 + \varphi \times \psi_{l,bik}^{car} \times r_l^{bik} \times r_l^{car} \times \frac{w_s^{bik}}{w_l^{bik}} \qquad (4.26)$$

常态下,式(4.23)—式(4.26)中,C_l^{bik} 为路段 l 的非机动车出行费用;t_l^{bik} 为路段 l 的非机动车出行时间;σ_{bik} 为非机动车安全影响系数;v_l^{bik}、v_l^{bic} 和 v_l^{ele} 分别为路段 l 的非机动车、自行车和电动车出行速度;q_l^{bik}、q_l^{bic} 和 q_l^{ele} 分别为路段 l 的非机动车、自行车和电动车交通量;w_s^{bik} 为非机动车道的最优(标准)车道宽度;w_l^{bik} 为路段 l 上的非机动车道宽度。

式(4.25)是非机动车辆的换算方法(路段自行车和电动车交通量权重决定)。式(4.26)表示当非机动车道和机动车道没有隔离带时,路段非机动车和机动车交通饱和度越大,非机动车道宽度越窄,安全因素造成的非机动车交通出行阻抗越大;当非机动车道和机动车道存在隔离带时,安全因素造成的非机动车交通出行阻抗为 0。

非机动车交叉口过街出行费用由过街时间决定。

在信号交叉口,步行过街时间一般受过街速度、过街长度、过街人行数量和过街横道宽度的影响,为了简便考虑,认为非机动车过街时间也受过街速度、过街长度、非机动车过街数量和非机动车道过街宽度影响,非机动车过街出行费用表达式为：

$$C_z^{\mathrm{bik}} = \vartheta_l \times \left(\frac{T_{\mathrm{red}}^l}{2} + \frac{L_l^z}{v_l^{\mathrm{bik}}} + lag \times \frac{N_l^{\mathrm{bik}}}{w_l^{\mathrm{bik}}} \right) \tag{4.27}$$

$$l = (i,j), z = j$$

常态下，式(4.27)中，C_z^{bik} 为交叉口 z 的私家车出行费用；N_l^{bik} 为通过路段 l 对应交叉口的非机动车数量；lag 为步行和非机动车过街时间调整参数。

在无信号交叉口，非机动车过街出行费用基于点排队方法计算，其表达式为：

$$C_z^{\mathrm{bik}} = \vartheta_l \times \frac{L_l^z}{v_l^{\mathrm{bik}}} \times \left(1 + r_l^{\mathrm{bik}} \right) \tag{4.28}$$

$$l = (i,j), z = j$$

（3）步行

步行路段出行费用由路段出行时间决定，步行出行者所占空间较小，出行时间一般不受路段交通量和通行能力的影响，步行路段出行费用表达式为：

$$C_l^{\mathrm{wal}} = (1 + \sigma_{\mathrm{wal}}) \times t_l^{\mathrm{wal}} \tag{4.29}$$

$$t_l^{\mathrm{wal}} = \frac{L_l}{v_l^{\mathrm{wal}}} \tag{4.30}$$

$$\sigma_{\mathrm{wal}} = \left(1 + \varphi \times \psi_{l,\mathrm{bik}}^{\mathrm{wal}} \times r_l^{\mathrm{wal}} \times r_l^{\mathrm{bik}} \times \frac{w_s^{\mathrm{wal}}}{w_l^{\mathrm{wal}}} \right) \times \left(1 + \varphi \times \psi_{l,\mathrm{bik}}^{\mathrm{car}} \times \psi_{l,\mathrm{bik}}^{\mathrm{wal}} \times r_l^{\mathrm{wal}} \times r_l^{\mathrm{car}} \times \frac{w_s^{\mathrm{wal}}}{w_l^{\mathrm{wal}}} \right) \tag{4.31}$$

常态下，式(4.29)—式(4.31)中，C_l^{wal} 为路段 l 的步行出行费用；t_l^{wal} 为路段 l 的步行出行时间；σ_{wal} 为步行安全影响系数；$\psi_{l,\mathrm{bik}}^{\mathrm{wal}}$ 为路段 l 的人车分离设施存在判定系数；w_s^{wal} 为步行道的最优（标准）宽度；w_l^{wal} 为路段 l 上的步行道宽度。

式(4.31)表示当人车分离设施不存在时，路段非机动车和步行交通饱和度越大，人行横道宽度越窄，安全因素造成的步行交通出行阻抗越大；当人车分离设施和机非隔离带都不存在时，私家车交通饱和度与安全因素造成的步行交通出行阻抗成正比;当人车分离设施和机非隔离带都存在时,安全因素造成的步行交通出行阻抗假设为0。

步行交通的过街费用由过街时间决定。

在信号交叉口,与非机动车过街费用相似,步行过街费用表达式为:

$$C_z^{\mathrm{wal}} = \vartheta_l \times \left(\frac{T_{\mathrm{red}}^l}{2} + \frac{L_l^z}{v_l^{\mathrm{wal}}} + lag \times \frac{N_l^{\mathrm{wal}}}{w_l^{\mathrm{wal}}} \right) \tag{4.32}$$

$$l = (i,j), z = j$$

常态下,式(4.32)中,C_z^{wal} 为交叉口 z 的私家车出行费用;N_l^m 为通过路段 l 对应交叉口的行人数量。

在无信号交叉口,步行出行者过街时自由度很高,不需要考虑其他因素对过街时间的影响,步行过街费用表达式为:

$$C_z^{\mathrm{wak}} = \vartheta_l \times \frac{L_l^z}{v_l^{\mathrm{wak}}} \tag{4.33}$$

$$l = (i,j), z = j$$

4.3.3 模型建立

Smith(1979)在对用户均衡模型研究的基础上,推导出相应的变分不等式,在交通分配模型建立中占据了主导地位。随后,Dafermos(1980)将静态交通均衡模型描述成与之等价的变分不等式。本节中,与随机用户静态平衡分配模型等价的变分不等式为:

$$\sum_{ij \in IJ} \sum_{p \in P_{ij}^m} \left[\ln \sum_{p \in P_{ij}^m} \exp(\theta_1 \times C_{ij,p}^m) + \frac{1}{\theta_1} (\ln d_{ij}^m - \ln q_{ij,p}^{m*}) - C_{ij,p}^m \right] \times (q_{ij,p}^m - q_{ij,p}^{m*}) \geqslant 0 \tag{4.34}$$

式(4.34)的可行域为式(4.16)。带"$*$"的变量为所求的均衡解。

解的等价性:变分不等式(4.34)等价于多模式静态交通平衡条件式(4.14)。

证明:由变分不等式(4.34)的 KKT 条件,可得到式(4.39)。

$$\ln \sum_{p \in P_{ij}^m} \exp(\theta_1 \times C_{ij,p}^m) + \frac{1}{\theta_1} \times (\ln d_{ij}^m - \ln q_{ij,p}^m) - C_{ij,p}^m = 0 \quad (4.35)$$

$$\frac{1}{\theta_1} \times (\ln d_{ij}^m - \ln q_{ij,p}^m) = m_{ij,p}^m - \ln \sum_{p \in P_{ij}^m} \exp(\theta_1 \times m_{ij,p}^m) \quad (4.36)$$

$$\exp\left[\frac{1}{\theta_1} \times (\ln d_{ij}^m - \ln q_{ij,p}^m)\right] = \exp\left[C_{ij,p}^m - \ln \sum_{p \in P_{ij}^m} \exp(\theta_1 \times C_{ij,p}^m)\right]$$

$$(4.37)$$

$$\frac{d_{ij}^m}{q_{ij,p}^m} = \frac{\exp(\theta_1 \times C_{ij,p}^m)}{\sum\limits_{p \in P_{ij}^m} \exp(\theta_1 \times C_{ij,p}^m)} \quad (4.38)$$

$$q_{ij,p}^m = d_{ij}^m \times \frac{\exp(-\theta_1 \times C_{ij,p}^m)}{\sum\limits_{p \in P_{ij}^m} \exp(-\theta_1 \times C_{ij,p}^m)} \quad (4.39)$$

由式(4.34)可以推导出式(4.39),式(4.39)与式(4.14)相同。

综上可证明,变分不等式(4.34)等价于多模式静态交通平衡条件式(4.14)。

解的存在性:变分不等式(4.34)至少存在一个解。

证明:变分不等式(4.34)的可行域式(4.16)是闭凸集,而且式(4.34)所包含的函数都是连续的。基于 Brouwer 不动点定理,变分不等式(4.34)至少存在一个解。由于本节介绍的多模式交通网络之间存在相互影响,无法保证步行、非机动车和私家车交通模式费用函数的单调性,因此,不能保证变分不等式(4.34)存在唯一解。

4.3.4　求解方法

在求得有效路径后,需要把不同群组的步行出行需求 $d_{ij,g}^{\text{wal}}$、自行车出行需求 $d_{ij,g}^{\text{bic}}$、电动车出行需求 $d_{ij,g}^{\text{ele}}$ 和私家车出行需求 $d_{ij,g}^{\text{car}}$ 对应地加载至步行、非机动车和私家车交通网络。迭代加权法(MSA)简单易懂,是求解交通流分配问题的常用算法。然而,孟梦(2013)在求解静态随机平衡分配问题时,发现 MSA 存在一个明显的缺点:收敛速度慢,不适合大规模路网的应用求解,从而提出了连续权重平均法(MSWA),并验证其收敛性和结果精度。本节引用 MSWA 去求解随机用户多模式静态交通平衡问题,求解过程如图 4.4 所示,具体步骤如下:

Step 1 不同群组的步行出行需求 $d_{ij,g}^{\text{wal}}$、非机动车出行需求 $d_{ij,g}^{\text{bik}}$、自行车出行需求 $d_{ij,g}^{\text{bicy}}$、电动车出行需求 $d_{ij,g}^{\text{elec}}$、私家车出行需求 $d_{ij,g}^{\text{car}}$ 和路网矩阵加载。

Step 2 初始化,$n=0$,路段 l 上不同出行方式的交通量 $q_{l(0)}^m = 0$。

Step 3 利用 k 最短路径法确定 OD 对 ij 之间的可行候选路径。

Step 4 根据费用函数计算第 n 次迭代中各个路段不同出行方式的出行费用 $C_{l(n)}^m$,以及各个路段对应交叉口不同出行方式的出行费用 $C_{z(n)}^m$。

Step 5 确定第 n 次迭代中各 OD 对 ij 之间可行候选路径不同出行方式的出行费用 $C_{ij,p(n)}^m$,同时得到每个 OD 对间不同出行方式的最短出行费用 $C_{ij,p(n)}^{m,\min}$。

Step 6 基于有效路径选择的判定条件,从可行候选路径中选择出有效路径,判定条件为:

$$C_{ij,p(n)}^m \leqslant (1 + \sigma) \times C_{ij,p(n)}^{m,\min} \tag{4.40}$$

式中,σ 为有效路径判定系数。

Step 7 采用 Logit 模型分别对步行、非机动车和私家车交通中的有效路径进行出行需求加载,进而获得第 n 次迭代中各个路段不同出行方式的辅助交通量 $y_{l(n)}^m$。

Step 8 通过式(4.41)和式(4.42),计算各个路段下一次迭代的不同出行方式的步行交通量 $q_{l(n+1)}^m$,计算方法为:

$$q_{l(n+1)}^m = q_{l(n)}^m + \chi_{(n)} \times (y_{l(n)}^m - q_{l(n)}^m) \tag{4.41}$$

$$\chi_{(n)} = \frac{1}{1 + 2 + 3 + \cdots + n} \tag{4.42}$$

式中,$\chi_{(n)}$ 为第 n 次迭代的步长。

Step 9 收敛检验,计算不同出行方式的误差检验值 $G_{(n)}^m$,方法为:

$$G_{(n)}^m = \sqrt{\sum_{l \in E} (q_{l(n+1)}^m - q_{l(n)}^m)^2} \times \left(\sum_{l \in E} q_{l(n)}^m \right)^{-1} \tag{4.43}$$

若步行误差检验值 $G_{(n)}^{\text{wal}} \leqslant \varepsilon$,则 $q_{l(n+1)}^{\text{wal}}$ 为步行交通所求的均衡解;若非机动

车误差检验值 $G_{(n)}^{\mathrm{bik}} \leqslant \varepsilon$，则 $q_{l(n+1)}^{\mathrm{bik}}$ 为非机动车交通所求的均衡解；若私家车误差检验值 $G_{(n)}^{car} \leqslant \varepsilon$，则 $q_{l(n+1)}^{car}$ 为私家车交通所求的均衡解。

若步行、非机动车和私家车交通都得到可行解，则多模式交通流分配结束，结合式(4.19)计算下一次迭代中不同出行方式不同群组的交通量 $q_{l,g}^{m(n+1)}$；否则，$n=n+1$，返回 Step 4。

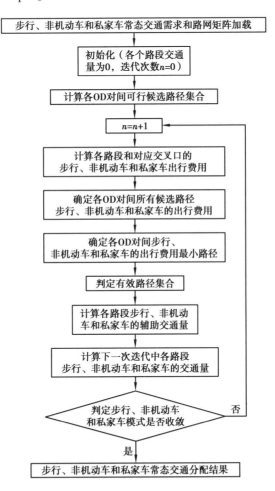

图 4.4　静态平衡分配求解过程

4.4 常态策略选择

在常态策略选择之前,需要基于3.1节中常态交通组织策略初步适用条件得到多模式常态交通网络初步设计方案,即哪些常态交通组织策略需要或者可以实施(可行交通组织策略)。多模式常态可行交通组织策略仅通过公交线路拥挤度、交通饱和度和不同群组流量占比判定,但是对其他因素考虑欠佳,存在诸多不足。例如,有些交通组织策略在提高该模式网络运行效率的同时需要一定的运营费用(交通组织策略 C 和 D)或者建设费用(交通组织策略 A 和 B)。有些交通组织策略在提高该模式网络运行效率后,却降低了其他模式网络运行效率(交通组织策略 E)。本节提出常态策略选择模型来优化多模式常态交通网络初步设计方案。

4.4.1 模型搭建

在常态策略选择中,需要考虑不同交通(步行、非机动车、公共交通和私家车)模式的出行费用;需要考虑交通组织措施的建设费用或者运营费用以及对其他模式交通网络运行效率的影响;需要考虑在非个体机动交通系统中低行动力人群与普通大众出行权之间的博弈关系。结合以上研究需要,常态策略选择模型如下:

目标函数

$$\min Z_{\text{nor}} = \begin{pmatrix} W_1^{\text{nor}} \times Z_{\text{bus}} + W_2^{\text{nor}} \times Z_{\text{wal}} + W_3^{\text{nor}} \times Z_{\text{bik}} + W_4^{\text{nor}} \times Z_{\text{car}} + \\ W_5^{\text{nor}} \times \left(\sum_{l \in E} \sum_{n_s \in N_s^1} \varpi_l^{n_s} \times m_l^{n_s} + \sum_{n \in N_n} \sum_{n_s \in N_s^2} \varpi_n^{n_s} \times m_n^{n_s} \right) \end{pmatrix}$$

(4.44)

常态下,式(4.44)中,Z_{nor} 为模型的目标函数值,Z_{bus}、Z_{wal}、Z_{bik} 和 Z_{car} 分别为公共交通、步行、非机动车和私家车出行费用;$W_x^{\text{nor}}(x=1、2、3、4、5)$ 为权重系

数;n_s 表示一种常态交通组织策略;N_s^1 为实施时产生建设费用的常态交通组织策略集合;N_s^2 为实施时产生运营费用的常态交通组织策略集合;$\varpi_l^{n_s}$ 为路段 l 上常态交通组织策略 n_s 的实施判定系数;$\varpi_n^{n_s}$ 为公交线路 n 上常态交通组织策略 n_s 的实施判定系数;$m_l^{n_s}$ 为路段 l 实施常态交通组织策略 n_s 的建设费用;$m_n^{n_s}$ 为公交线路 n 上实施常态交通组织策略 n_s 的运营费用。

式(4.44)是常态下多模式交通组织策略选择模型的目标函数,主要是在寻找公共交通出行、步行出行、非机动车出行、私家车出行、策略实施产生费用加权和的最小值。参数 W_1^{nor}、W_2^{nor}、W_3^{nor}、W_4^{nor} 和 W_5^{nor} 反映了 5 种不同费用之间的博弈关系,把多模式常态交通组织策略选择问题变成多目标优化问题。

$$
Z_{bus} = \begin{pmatrix} W_8^{bus} \times \left(W_4^{bus} \times \sum_{i \in V} \sum_{j \in V} \sum_{n \in DR_{ij}} d_{ij,LMI}^n \times t_{ij}^n + \right. \\[2mm] W_5^{bus} \times \sum_{i \in V} \sum_{j \in V} \sum_{n \in DR_{ij}} d_{ij,GP}^n \times t_{ij}^n \left. \right) + \\[2mm] W_9^{bus} \times \left(W_6^{bus} \times \sum_{i \in V} \sum_{j \in V} \sum_{tr \in TR_{ij}} d_{ij,LMI}^{tr} \times t_{ij}^{tr} + \right. \\[2mm] W_7^{bus} \times \sum_{i \in V} \sum_{j \in V} \sum_{tr \in TR_{ij}} d_{ij,GP}^{tr} \times t_{ij}^{tr} \left. \right) \end{pmatrix} \tag{4.45}
$$

$$
Z_{wal} = \begin{pmatrix} W_1^{wal} \times \sum_{ij \in IJ} \sum_{p \in P_{ij}^{wal}} q_{ij,p}^{wal,OA+DI} \times C_{ij,p}^{wal} + \\[2mm] W_2^{wal} \times \sum_{ij \in IJ} \sum_{p \in P_{ij}^{wal}} (q_{ij,p}^{wal} - q_{ij,p}^{wal,OA+DI}) \times C_{ij,p}^{wal} \end{pmatrix} \tag{4.46}
$$

$$
Z_{bik} = W_1^{bik} \times \sum_{ij \in IJ} \sum_{p \in P_{ij}^{bik}} q_{ij,p}^{bik,LI} \times C_{ij,p}^{bik} + W_2^{bik} \times \sum_{ij \in IE} \sum_{p \in P_{ij}^{bik}} (q_{ij,p}^{bik} - q_{ij,p}^{bik,LI}) \times C_{ij,p}^{bik} \tag{4.47}
$$

$$
Z_{car} = \sum_{ij \in IJ} \sum_{p \in P_{ij}^p} q_{ij,p}^{car} \times C_{ij,p}^{car} \tag{4.48}
$$

$$
m_l^{n_s} = \eta \times \rho_1^{n_s} \times L_l \tag{4.49}
$$

$$
m_n^{n_s} = \eta \times \rho_2^{n_s} \times L_n \tag{4.50}
$$

常态下,式(4.45)—式(4.50)中,W_x^{bus}($x=8$ 和 9)、W_x^{wal}($x=1$ 和 2)和 W_x^{bik}($x=$

1 和 2)为权重系数;$q_{ij,p}^{wal,OA+DI}$ 为 OD 对 ij 之间路径 p 上分配的老年和残疾人群步行交通量;$q_{ij,p}^{bik,LI}$ 为 OD 对 ij 之间路径 p 上分配的低收入人群非机动车交通量;$C_{ij,p}^{wal}$、$C_{ij,p}^{bik}$ 和 $C_{ij,p}^{car}$ 分别为 OD 对 ij 之间路径 p 上步行、非机动车和私家车出行费用;$\rho_1^{n_s}$ 为常态交通组织 n_s 的道路单位长度的建设时间成本;$\rho_2^{n_s}$ 为常态交通组织 n_s 的公交线路单位长度的运营时间成本。

式(4.45)是公共交通出行费用的计算方法,与式(4.1)不同的是,此公式仅考虑直达出行成本和换乘出行成本,参数 W_8^{bus} 和 W_9^{bus} 分别描述了它们之间的权重取舍。式(4.46)是步行出行费用计算方法,参数 W_1^{wal} 和 W_2^{wal} 反映了老年和残疾人群与其他群组步行出行费用之间的权衡取舍。式(4.47)是非机动车出行费用计算方法,参数 W_1^{bik} 和 W_2^{bik} 反映了低收入人群与其他群组非机动车出行费用之间的和权衡取舍。式(4.48)是私家车出行费用计算方法。式(4.49)和式(4.50)分别表示交通组织策略实施后路段 l 的建设费用和公交线路 n 的运营费用的时间折算值。基于常态下多模式交通网络优化设计的研究目的(优先满足低行动力人群非个体机动出行需求),参数之间的相互关系初定为:$W_9^{bus}>W_8^{bus}$,$W_2^{wal}>W_1^{wal}$,$W_2^{bik}>W_1^{bik}$,$W_4^{nor}>W_5^{nor}>W_3^{nor}=W_2^{nor}>W_1^{nor}$。需要注意的是,式(4.45)—式(4.48)是在常态交通组织策略实施后各个模式出行成本的直接算法。还有一种间接算法是用优化前方案的出行成本加上或者减去常态交通组织策略实施中增加或者减少的出行成本,这种算法可参考论文 *Design and Optimisation of Multimodal Traffic strategy for Low-mobility Individuals*。

约束条件

包括常态公交路径选择和随机用户静态交通均衡分配的约束条件。

4.4.2 求解算法

由于初步设计方案质量较好,因此本书采用禁忌算法对多模式常态交通网络初步设计方案中的可行交通组织策略进行优化选择。

（1）算法基础

编码准则：把初步设计方案中所有可行交通组织策略组成一个由 0 和 1 组成字符串（编号 0 代表交通组织策略不实施，编号 1 代表交通组织策略实施），策略在字符串中的编号顺序用来辨别策略的身份（哪种交通组织策略在哪条路段或者哪条公交线路上是否实施）。

邻域映射：改变可行交通组织策略其中一个或者几个的编号（由 0 变成 1 或者由 1 变成 0；1 代表策略实施，0 代表不实施策略），不改变编码顺序，得到候选方案。

映射长度：邻域映射中改变的代码的数量。

映射次数：邻域映射中一次迭代改变代码的次数。

禁忌列表：在优化过程中，记录每次迭代的当前方案。

禁忌长度：禁忌表中的方案称为禁忌方案，在经历一定迭代长度后，将会从禁忌表中释放出来。

解（目标函数值）：完成 4.1 节中公交常态路径规划和其他交通模式常态路径规划后，利用式（4.48）可以计算方案的目标函数值。当前方案的目标函数值称为当前解，候选方案的目标函数值称为候选解，最优方案的目标函数值称为最优解。

藐视准则：存在候选解大于最优解时，最大的候选解作为新当前解和新最优，相应的方案作为新当前方案；不存在候选解大于最优解时，选择最大的解作为当前解，相应的方案作为新当前方案。

（2）算法步骤

基于禁忌算法的策略选择求解过程如图 4.5 所示，具体步骤如下：

Step 1　把初步设计方案中的所有可行交通组织策略排序后组成字符串，都编号为 1，并定义为当前方案，禁忌列表置空。

Step 2　初始化，迭代次数 $n=0$。

Step 3　对当前方案进行邻域映射,并计算当前解。

Step 4　得到候选方案,并计算候选解。

Step 5　基于当前解和候选解的对比,执行藐视准则,获得新的当前方案;执行禁忌表操作:投入上一次迭代的当前方案,释放满足禁忌长度的禁忌方案。

Step 6　判断是否达到预定迭代次数,如果达到,停止迭代;如果没有达到,$n=n+1$,返回 Step 3。

Step 7　得到多模常态交通网络优化设计方案。

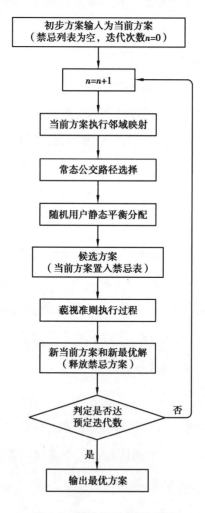

图 4.5　策略选择求解过程

4.5　本章小结

　　本章以低行动力人群出行需求分析结果为支撑,分析多模式常态交通组织策略与模型之间的联系,考虑 3 种常态下的博弈竞争关系(多模式交通系统中步行、非机动车和机动车道占有空间之间存在的博弈关系;机动车系统中公共交通和私家车路权分配之间存在的博弈关系;非个体机动交通系统中低行动力人群和普通大众出行选择权之间存在的博弈关系),构建了基于低行动力人群出行需求的多模式常态交通网络优化设计模型。首先,采用常态公交路径选择模型确定公交线网方案及每条公交线路上不同群组(普通大众、低行动力人群、老年和残疾人群、低收入人群)的乘载客流;其次,利用随机用户静态平衡分配模型确定步行、非机动车、私家车路径选择及每个路段上不同群组的不同出行方式交通量;然后,基于 3.1 节中的常态交通组织策略初步适用条件确定多模式常态交通网络初步设计方案;最后,使用常态策略选择模型对多模式常态可行交通组织策略进行优化选择,从而得到多模式常态交通网络优化设计方案。

第5章 疏散条件下多模式
交通网络设计模型

在考虑背景交通的前提下,疏散条件下多模式交通网络优化设计方法优先满足低行动力人群公共交通疏散需求,然后在剩余疏散网络上分析私家车疏散效率。其核心是如何在背景交通下合理分配公共交通和私家车疏散路权;如何通过多模式疏散交通组织策略,首先优先保障公共交通(低行动力人群的主要疏散工具)疏散路权,其次保障私家车(高行动力人群的主要疏散工具)疏散路权。本章参考低行动力人群出行需求分析结果,研究疏散条件下多模式交通组织策略和模型之间的相互联系,构建基于低行动力人群出行需求的多模式疏散交通网络优化设计模型,从而达到优先提高公共交通网络疏散效率的目的,并对私家车疏散交通网络进行优化设计。

5.1 问题描述与模型概述

疏散条件下多模式交通网络设计研究需要考虑由公共交通疏散、私家车交通疏散和背景交通网络组成的复合网络,且不同交通网络之间存在着博弈竞争关系。我国低行动力人群基数大,在疏散过程中低行动力人群极度依赖公共交通疏散方式,疏散脆弱性高。然而,已有的多模式疏散交通网络优化设计模型,很少考虑背景交通和低行动力人群疏散问题。本章以3.2节中改进的公交导向多模式疏散交通组织策略为建模导向,构建了基于低行动力人群出行需求的多模式疏散交通网络优化设计模型,即在考虑背景交通的情况下,优先提高低行动力人群疏散为主的公共交通疏散效率,随后研究以高行动力人群疏散为主的私家车疏散交通网络。模型流程如图 5.1 所示,具体步骤如下:

Step 1　输入量加载。

　　Step 1.1　将常态下机动车网络交通量作为背景交通 q_l^{back} 输入多模式疏散交通网络。

　　Step 1.2　输入多模式疏散出行需求和路网矩阵。

Step 2　公交疏散路径规划。

利用构建的疏散公交路径选择模型优化得到公共交通最优疏散路径(疏散方向)和最优驶回路径(疏散对向)配置;然后在疏散起点加载公共交通疏散需求 d_{od}^{bus} ,结合 5.4.1 小节中相关公式对公共交通疏散需求进行分配。

Step 3　私家车疏散路径规划。

在疏散起点加载私家车疏散出行需求 d_{od}^{car} ,输入预估时段 $[a_0,a_1]$,使用随机用户动态均衡分配模型对私家车疏散交通流进行分配。

Step 4　初步设计方案。

根据 Step 2 和 Step 3 中得到的结果,基于 3.2.3 小节中不同疏散交通组织策略初步适用条件,形成多模式疏散可行交通组织策略,即多模式疏散交通网络初步设计方案。

Step 5　优化设计方案。

采用疏散策略选择模型对疏散可行交通组织策略进行选择,从而得到疏散条件下多模式交通网络优化设计方案。

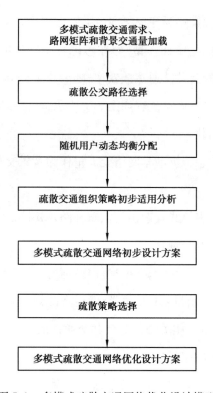

图 5.1　多模式疏散交通网络优化设计模型

5.2　疏散公交路径选择

疏散公交路径选择一般是寻找从疏散起点到疏散终点的最优公共交通疏散路径,而大规模低行动力人群疏散还需寻找从疏散终点到疏散起点的最优公共交通驶回路径。结合已有的启发式算法的优缺点,蚁群算法适合被用来解决此类疏散公交路径选择问题。此外,背景交通对疏散交通存在一定影响,疏散交通组织策略实施需要一定准备时间,背景车辆越多,疏散交通组织策略的实施准备时间越长。

5.2.1　模型构建

本节构建了基于蚁群算法的疏散公交路径选择模型,即以路径可行通行能力密度为信息素轨迹指标,把公交车、疏散起点和疏散终点分别当成蚂蚁、巢穴和食物源,以最短路径距离内尽可能多地满足疏散出行需求为目的,寻找一条从疏散起点到疏散终点的路径(最优公共交通疏散路径)。同样,当把疏散终点和疏散起点分别作为巢穴和食物源时,就可以获得寻找一条从疏散终点到疏散起点的路径(最优公共交通驶回路径)。需要注意的是,为了提高公共交通疏散效率,蚁群仅在快速路、主干路和次干路形成的道路网中搜索最优公共交通疏散路径和驶回路径。

5.2.2　求解过程

蚁群算法的求解过程如图 5.2 所示,具体步骤如下:

Step 1　加载背景交通量和路网矩阵。

Step 2　输入疏散起点和疏散终(讫)点。

Step 3　初始化,迭代次数 $n=0$。

Step 4　初始化,蚂蚁 $k=1$。

Step 5　通过蚂蚁搜索操作得到公交路径。

Step 6　如果 k 小于蚂蚁总数 K,则 $k=k+1$,返回 Step 5。

Step 7　进行信息素更新操作,实现多蚂蚁搜索的经验积累。

Step 8　检验是否达到预定的迭代次数,如果未达到, $n=n+1$,返回 Step 4。

Step 9　输出最优公共交通疏散或者驶回路径。

(1)蚂蚁搜索

与 4.2.2 节中的蚁群算法相似,本节的蚁群算法也是经过蚂蚁多次路径搜索过程,基于经验积累,得到最优路径配置。在每次蚁群搜索中,在信息素和可

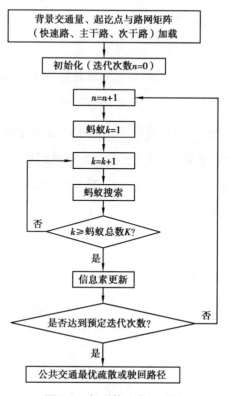

图 5.2　蚁群算法求解过程

见量影响下,K(恒定整数)只蚂蚁从巢穴出发,最终到达食物源。信息素也是基于一定规则持续进行更新,且随着蚂蚁搜索次数的增加持续更新。

定义从节点 i 到 j 的初始信息素 τ_{ij} 为:

$$\tau_{ij} = \frac{1}{L_{ij}} \tag{5.1}$$

定义从节点 i 到 j 的可见量 η_{ij} 为:

$$\eta_{ij} = \frac{c_l^{aut} - q_l^{back}}{L_l}, l = (i,j) \in E \tag{5.2}$$

疏散条件下,式(5.2)中,c_l^{aut} 为路段 l 的机动车通行能力。

在每次蚁群搜索,蚂蚁 k 从节点 i 移动到节点 j 的概率 p_{ij}^k 被定义为:

$$p_{ij}^{k} = \begin{cases} \dfrac{(\tau_{ij})^{\alpha} \times (\eta_{ij})^{\beta}}{\sum\limits_{h \notin \text{tabu}_k} (\tau_{ih})^{\alpha} \times (\eta_{ih})^{\beta}} & \text{如果 } j \notin tabu_k \\[4mm] 0 & \text{其他} \end{cases} \tag{5.3}$$

（2）信息素更新

在每次蚁群搜索结束后,同样只有蚂蚁成功(从巢穴到达食物源)搜索得到的路径所经过路段的信息素才会增加。增加的信息素与路段的全局信息素(路径可行通行能力密度)和局部信息素(路段可行通行能力密度)相关,信息素增加方法为:

$$\Delta \tau_{ij}^{k} = \begin{cases} \dfrac{(n_p^k - 1) \times Fc_p^k + Fc_l^k}{n_p^k} & \text{如果 } l = (i,j) \text{ 在 } p_k \text{ 上} \\[4mm] 0 & \text{其他} \end{cases} \tag{5.4}$$

疏散条件下,式(5.4)中,p_k 为蚂蚁 k 成功搜索得到的路径;$\Delta \tau_{ij}^{k}$ 为路径 p_k 上路段 (i,j) 增加的信息素;Fc_p^k 为路径 p_k 的机动车可行通行能力密度;Fc_l^k 为路径 p_k 上路段 l 的机动车可行通行能力密度;n_p^k 为路径 p_k 的节点数。

路段 l 的机动车可行通行能力密度等于路段 l 的机动车通行能力与背景交通量之差除以路段 l 的长度:

$$Fc_l = \frac{c_l^{\text{aut}'}}{L_l} \tag{5.5}$$

$$c_l^{\text{aut}'} = c_l^{\text{aut}} - q_l^{\text{back}} \tag{5.6}$$

疏散条件下,式(5.5)中,Fc_l 为路段 l 的机动车可行通行能力密度;$c_l^{\text{aut}'}$ 为路段 l 的机动车可行通行能力。

为了将路段可行通行能力密度转变成路径可行通行能力密度,考虑一条路径可能包含不同的路段,可行通行能力大小也不相同,在此借鉴经济学中的"木桶效应"(一只木桶能盛多少水,并不取决于最长的那块木板,而是取决于最短的那块木板,也可称为短板效应),选择路径中可行通行能力最小的路段作为短

板路段,短板路段的可行通行能力等于路径的可行通行能力。路径 p 的可行通行能力密度为:

$$Fc_p = \frac{\min\{c_l^{\text{aut}'}\}}{\max\{L_l\}}, l \in p \tag{5.7}$$

疏散条件下,式(5.7)中,Fc_p 为路径 p 的机动车可行通行能力密度。

在一次蚁群搜索结束后,信息素矩阵的更新方法为:

$$\tau_{ij}^{\text{new}} = (1 - \rho) \times \tau_{ij}^{\text{old}} + \sum_{k=1}^{K} \Delta \tau_{ij}^{k} \tag{5.8}$$

5.3　随机用户动态均衡分配

与常态下交通流分配不同,疏散条件下的交通流分配不仅需要确定私家车交通的疏散路径,还需要描述疏散交通流实时动态变化和阻抗的时变性,以及总疏散时间的长短。随机用户动态均衡分配模型研究可以达到私家车疏散交通流分配的种种要求,符合现实疏散交通情况,进而反映多模式疏散交通组织策略的优劣。本节首先分析疏散条件下随机用户动态交通均衡条件;其次根据动态交通流基础理论知识,从路径建模角度,研究疏散条件下动态交通流分配的约束条件;最后建立与随机用户动态交通均衡条件等价的变分不等式模型,并采用基于随机动态网络加载方法对模型进行求解。

5.3.1　随机用户动态交通平衡条件

与大部分动态交通分配算法相似,本节同样从路径角度出发,采用离散化(分时段)方法描述疏散条件下动态交通流传播特性。运用此种方法,疏散规划者可以预估每条疏散路径上私家车的实时动态变化,进而可以确定在不同时间段投入的私家车数量。分时段法需要设定一个预设时段 $[a_0, a_1]$,并把其平均分为 A 个小时段,同时假定私家车不能在同一个小时段进入疏散网络再离开疏散网络;疏散开始时间为 a_0,私家车交通疏散结束时间为最后一辆疏散私家车到达终点的时间。引用 Logit 模型来描述疏散者对出发时间的偏好:

$$b_{od}(a) = d_{od}^{car} \times \frac{\exp[-\theta_2 \times C_{od}(a)]}{\sum\limits_{a=1}^{A} \exp[-\theta_2 \times C_{od}(a)]}, \forall a \qquad (5.9)$$

$$C_{od}(a) = \sum_{p \in P_{od}} C_{od}^p(a) \qquad (5.10)$$

疏散条件下,式(5.9)和式(5.10)中,$b_{od}(a)$ 为 a 时刻起点的驶入率;d_{od}^{car} 为从起点到终点的私家车出行需求;P_{od} 为 a 时刻从起点到终点之间候选路径集合;$C_{od}(a)$ 为 a 时刻从起点到终点之间所有候选路径的私家车出行费用和;$C_{od}^p(a)$ 为 a 时刻路径 p 上从起点到终点的私家车出行费用;θ_2 为出发时间偏好调整参数。

再使用 Logit 模型来描述出行者对路径选择的偏好。

$$b_{od}^p(a) = b_{od}(a) \times \frac{\exp[-\theta_3 \times C_{od}^p(a)]}{\sum\limits_{p \in P_{od}} \exp[-\theta_3 \times C_{od}^p(a)]}, \forall a \qquad (5.11)$$

$$C_{od}^p(a) = t_{od}^p(a), p \in P_{od} \qquad (5.12)$$

疏散条件下,式(5.11)中,$b_{od}^p(a)$ 为 a 时刻从起点到终点之间路径 p 的驶入率;θ_3 为路径选择偏好调整参数。

5.3.2 约束条件

与静态交通分配相比,动态交通分配需要考虑时间因素,相当于使二维(状态-空间)的静态交通流分配模型变成了三维(时间-状态-空间)的动态交通流分配模型。其中,时间可以描述车流随着时间变化的动态分布特征,状态可以描述车流所在位置的情况,空间可以描述车流的位置变化。在静态交通流分配基础上,动态交通流分配需要明确车辆行驶行为在路网中是如何随时间变化的和出行需求是如何加载到路网上的等动态约束条件。由于疏散交通组织策略的实施,疏散路网的拥挤度一般不严重,疏散条件下动态交通流分布特性可以采用点排队方法(适用于交通不拥堵路段)来分析研究,疏散车辆满足先进先出(First-In-First-Out,FIFO)约束。

(1)路段状态方程

交通量是单位时间内通过某道路断面的车辆数,是一个时间观测量,其值是在某一点观测到的,适用于静态描述;交通负荷是指某一时刻一个路段上存在的车辆数,是一个空间观测量,适用于动态描述。动态交通流分配中采用的状态变量不是静态交通流分配中的交通量,而是交通负荷(Traffic Load,TL)。

路段状态方程是体现交通网络的动态特性和反映路段状态变化的关系式。离散化形式的路段状态方程见式(5.13),被描述为:时间间隔 a_Δ 内路段 l 的交通负荷(车辆数)边际变化等于路段 l 的驶入率和驶出率之差与时间间隔 a_Δ 的乘积。

$$s_l(a) - s_l(a-1) = (b_l(a) - e_l(a)) \times a_\Delta, \forall l,a \qquad (5.13)$$

疏散条件下,式(5.13)中,$b_l(a)$ 和 $e_l(a)$ 分别为 a 时刻路段 l 的驶入率和驶出率;$s_l(a)$ 为 a 时刻路段 l 的交通负荷。

从路径建模出发,时间间隔 a_Δ 内路径 p 的交通负荷(车辆数)边际变化等于路径 p 的驶入率和驶出率之差与时间间隔 a_Δ 的乘积,式(5.13)扩展到路径层面的表达式为:

$$s_p(a) - s_p(a-1) = (b_p(a) - e_p(a)) \times a_\Delta, \forall a,p \in P_{od} \qquad (5.14)$$

疏散条件下,式(5.14)中,$b_p(a)$ 和 $e_p(a)$ 分别为 a 时刻路径 p 的驶入率和驶出率;$s_p(a)$ 为 a 时刻路径 p 的交通负荷。

(2)路段出行时间

基于点排队的路段出行时间表达式为:

$$t_l^{\text{eva}}(a) = \frac{L_l}{v_l^{\text{car}}} + \frac{s_l(a) + q_l^{\text{back}} \times a_\Delta}{c_l^{\text{car}}} \qquad (5.15)$$

疏散条件下,式(5.15)中,$t_l^{\text{eva}}(a)$ 为 a 时刻路段 l 的私家车疏散时间。

与路径可行通行能力密度计算方法相同,路径出行时间计算方法同样借鉴经济学中的"木桶效应",选择路径中通行能力最小的路段作为短板路段,短板路段的通行能力等于路径的通行能力;选择路径中背景交通流最大的路段作为拥挤(短板)路段,拥挤路段的背景交通流等于路径的背景交通流。

$$t_{od}^p(a) = \sum_{l \in p} \frac{L_l}{v_l^{\text{car}}} + \frac{s_p(a) + q_p^{\text{back}} \times a_\Delta}{c_p^{\text{car}}} \tag{5.16}$$

$$s_p(a) = \max\{s_l(a)\}, l \in p \tag{5.17}$$

$$q_p^{\text{back}} = \max\{q_l^{\text{back}}\}, l \in p \tag{5.18}$$

$$c_p^{\text{car}} = \min\{c_l^{\text{car}}\}, l \in p \tag{5.19}$$

疏散条件下,式(5.16)—式(5.19)中,$t_{od}^p(a)$ 为 a 时刻从起点到终点之间路径 p 的私家车疏散时间;q_p^{back} 为从起点到终点之间路径 p 的背景交通量;c_p^{car} 为从起点到终点之间路径 p 的私家车通行能力;c_l^{car} 为路段 l 的私家车通行能力。

(3)路段特性函数

为了描述动态交通流的传播特性,离散化的路段流量传播函数表示为:

$$e_l(a + t_l^{\text{eva}}(a)) = \frac{b_l(a)}{1 + \dfrac{t_l^{\text{eva}}(a) - t_l^{\text{eva}}(a-1)}{a_\Delta}} \tag{5.20}$$

当时间间隔长度足够小时,式(5.20)近似于连续时间的动态交通流传播函数。采用点排队模型,需作以下假设:在时间间隔 a_Δ 内,当进入路段 l 的疏散交通流小于路段 l 的可行通行能力 $c_l^{\text{car}'}$ 时,疏散车辆在路段 l 出口不会形成排队,路段 l 的驶出率等于路段 l 的交通负荷总量(该时刻驶出率与上一时刻遗留交通负荷之和);在时间间隔 a_Δ 内,当进入路段 l 的疏散交通流大于路段 l 的可行通行能力 $c_l^{\text{car}'}$ 时,疏散车辆在路段 l 出口会形成排队,路段 l 的驶出率等于路段

l 的可行通行能力。路段 l 的出口驶出率可以归结为:

$$e_l(a) = \begin{cases} b_l(a) + \dfrac{s_l(a-1)}{a_\Delta}, & c_l^{\mathrm{car}'} > e_l(a) + \dfrac{s_l(a-1)}{a_\Delta} \\ c_l^{\mathrm{car}'}, & c_l^{\mathrm{car}'} \leqslant e_l(a) + \dfrac{s_l(a-1)}{a_\Delta} \end{cases} \quad (5.21)$$

为了将路段特性转变成路径特性,需要假设路径内的不存在排队现象,排队现象仅在路径出口处存在,路径 p 的出口驶出率表达式为:

$$e_p(a) = \begin{cases} b_p(a) + \dfrac{s_p(a-1)}{a_\Delta}, & c_p^{\mathrm{car}'} > e_p(a) + \dfrac{s_p(a-1)}{a_\Delta} \\ c_p^{\mathrm{car}'}, & c_p^{\mathrm{car}'} \leqslant e_p(a) + \dfrac{s_p(a-1)}{a_\Delta} \end{cases} \quad (5.22)$$

(4)其他约束条件

除上述约束条件外,模型还需要满足一些其他约束条件,包括流量守恒约束和边界条件约束。

1)流量守恒约束

假设出行需求是无弹性和已知的,随机用户动态均衡分配模型需要满足以下两个方面的流量守恒约束:

①预设时段内的交通流量守恒:

$$\sum_{a=1}^{A} b_{od}(a) = d_{od}^{\mathrm{car}}, \forall a \quad (5.23)$$

②单个小时段内的交通流量守恒:

$$\sum_{p \in P_{od}} b_{od}^{p}(a) = b_{od}(a) \quad (5.24)$$

2)边界条件约束

假设路网在初始时刻疏散交通负荷为 0,即

$$s_l(1) = 0, l \in E \quad (5.25)$$

5.3.3　模型建立

变分不等式(VI)理论为动态交通流分配问题构建了一个通用建模平台,如不动点、最优化、互补性及其他切合实际的交通问题。VI 模型的基本思路是将动态交通流分配过程分解为网络需求加载和交通分配,然后将交通分配描述成线性规划求解问题。本小节中,与随机用户动态均衡分配模型等价的变分不等式为:

$$
\left(
\begin{aligned}
&\sum_{a=1}^{A}\left\{\ln\sum_{p\in P_{od}}\exp\left[\theta_3\times C_{od}^{p}(a)\right]+\frac{1}{\theta_3}\left[\ln b_{od}(a)-\ln b_{od}^{p\,*}(a)\right]-C_{od}^{p}(a)\right\}\times\\
&\left[b_p(a)-b_p^{*}(a)\right]+\ln\sum_{a=1}^{A}\exp\left[\theta_2\times C_{od}^{*}(a)\right]+\frac{1}{\theta_2}\left[\ln d_{od}^{\mathrm{car}}-\ln b_{od}^{*}(a)\right]-\\
&C_{od}^{*}(a)\times\left[b_{od}(a)-b_{od}^{*}(a)\right]
\end{aligned}
\right)\geqslant 0
$$

$$(5.26)$$

式(5.26)的可行域为式(5.10)和式(5.12)。

解的等价性:变分不等式式(5.26)等价于多模式动态交通平衡条件式(5.9)和式(5.11)。

证明:由变分不等式式(5.26)的 KKT 条件,可得:

$$
\ln\sum_{a=1}^{A}\exp\left[\theta_3\times C_{od}^{p}(a)\right]+\frac{1}{\theta_3}\times\left[\ln b_{od}(a)-\ln b_{od}^{p}(a)\right]-C_{od}^{p}(a)=0
$$

$$(5.27)$$

$$
\ln\sum_{p\in P_{od}}\exp\left[\theta_2\times C_{od}^{*}(a)\right]+\frac{1}{\theta_2}\times\left[\ln d_{od}^{\mathrm{car}}-\ln b_{od}(a)\right]-C_{od}^{*}(a)=0
$$

$$(5.28)$$

式(5.27)的转换过程如下:

$$
\frac{1}{\theta_3}\times\ln b_{od}(a)-\ln b_{od}^{p}(a)\right]=C_{od}^{p}(a)-\ln\sum_{a=1}^{A}\exp\left[\theta_3\times C_{od}^{p}(a)\right]\quad(5.29)
$$

$$
\exp\left\{\frac{1}{\theta_3}\times\left[\ln b_{od}(a)-\ln b_{od}^{p}(a)\right]\right\}=\exp\left\{C_{od}^{p}(a)-\ln\sum_{a=1}^{A}\exp\left[\theta_3\times C_{od}^{p}(a)\right]\right\}
$$

$$(5.30)$$

$$\frac{b_{od}(a)}{b_{od}^p(a)} = \frac{\exp[\theta_3 \times C_{od}^p(a)]}{\sum\limits_{a=1}^{A} \exp[\theta_3 \times C_{od}^p(a)]} \tag{5.31}$$

$$b_{od}^p(a) = b_{od}(a) \times \frac{\exp[-\theta_3 \times C_{od}^p(a)]}{\sum\limits_{a=1}^{A} \exp[-\theta_3 \times C_{od}^p(a)]} \tag{5.32}$$

由式(5.27)可以推导出式(5.32)。

式(5.32)与式(5.11)相同，$C_{od}^*(a)$ 可由 $b_{od}^{p*}(a)$ 通过相关公式计算得到，

则式(5.27)可转化为：

$$\ln \sum_{a=1}^{A} \exp[\theta_2 \times C_{od}(a)] + \frac{1}{\theta_2} \times [\ln d_{od}^{car} - \ln b_{od}(a)] - C_{od}(a) = 0$$

$$\tag{5.33}$$

式(5.33)的转换过程为：

$$\frac{1}{\theta_2} \times [\ln d_{od}^{car} - \ln b_{od}(a)] = C_{od}(a) - \sum_{a=1}^{A} \exp[\theta_2 \times C_{od}(a)] \tag{5.34}$$

$$\exp\left\{\frac{1}{\theta_2} \times [\ln d_{od}^{car} - \ln b_{od}(a)]\right\} = \exp\left\{C_{od}(a) - \ln \sum_{a=1}^{A} \exp[\theta_2 \times C_{od}(a)]\right\}$$

$$\tag{5.35}$$

$$\frac{d_{od}^{car}}{b_{od}(a)} = \frac{\exp[\theta_2 \times C_{od}(a)]}{\sum\limits_{a=1}^{A} \exp[\theta_2 \times C_{od}(a)]} \tag{5.36}$$

$$b_{od}(a) = d_{od}^{car} \times \frac{\exp[-\theta_2 \times C_{od}(a)]}{\sum\limits_{a=1}^{A} \exp[\theta_2 \times C_{od}(a)]} \tag{5.37}$$

由式(5.33)可以推导出式(5.37)，式(5.37)与式(5.9)相同。

综上可证明，变分不等式式(5.26)等价于多模式动态交通平衡条件式

(5.9)和式(5.11)。

解的存在性：证明过程与随机用户动态均衡分配的变分不等式模型相似，

详见4.3.3节。

5.3.4　求解方法

变分不等式模型的经典求解算法有很多种,如对角化算法、一般迭代法、交替方向法、对角化算法和投影算法等。与静态交通流分配不同,动态交通流分配需要考虑交通流的实时动态传播特性,而在等价的动态交通分配变分不等式模型求解过程中,不仅需要判断算法何时收敛,还需要判断交通流进出时刻。在此,本节结合孟梦(2013)建议的随机动态交通网络加载方法,求解过程采用一般迭代,如图 5.3 所示,具体步骤如下:

Step 1　私家车疏散出行需求 d_{od}^{car}、背景交通量 q_l^{back} 和路网矩阵加载。

Step 2　采用 k 最短路法求得从疏散起点到疏散终点之间的有效疏散路径集合 P_{od}。

Step 3　初始化操作,初始迭代次数 $n=0$,初始小时段 $a=1$。

Step 3.1　设定初始各小时段疏散起点的驶入率 $b_{od}^{(n)}(a)=d_{od}^{car}/A$,$n=0$,$a\in[1:A]$。

Step 3.2　建立初始疏散网络,设定初始时刻从疏散起点到疏散终点之间各有效路径的驶入率 $b_{od}^{p(n)}(a)=0$,$n=0$,$p\in P_{od}$,$a\in[1:A]$。

Step 4　随机动态交通网络加载。

Step 4.1　通过式(5.12)和式(5.16)计算各个有效疏散路径的出行费用。

Step 4.2　通过式(5.11)计算从疏散起点到疏散终点之间各有效路径的驶入率。

Step 4.3　通过式(5.14)和式(5.22)计算从疏散起点到疏散终点之间各有效疏散路径的交通负荷。

Step 4.4　若 $a<A$,则 $a=a+1$,返回 Step 4.1。

Step 5　收敛判断,计算误差检验值 $G_{(n)}^{eva}$,方法为:

$$G_{(n)}^{\text{eva}} = \left[\sum_{p \in P_{od}} \sum_{a=1}^{A} \left| b_{od}^{p(n)}(a) - b_{od}^{p(n-1)}(a) \right| \right] \times \left[\sum_{p \in P_{od}} \sum_{a=1}^{A} b_{od}^{p(n)}(a) \right]^{-1} \quad (5.38)$$

若 $G_{(n)}^{\text{eva}} < \varepsilon$,停止计算,否则 $n=n+1$,$a=1$,并通过式(5.9)计算下一次迭代各小时段疏散起点的驶入率 $b_{od}^{(n+1)}(a)$,返回 Step 4。

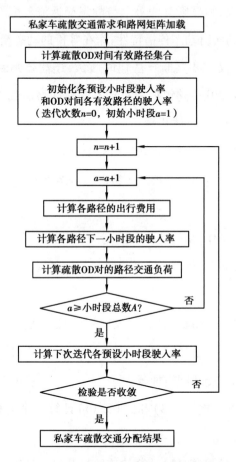

图 5.3　动态均衡分配求解过程

5.4　疏散策略选择

与常态策略选择相似,在疏散策略选择之前需要通过 3.2 节中疏散交通组织策略初步适用条件确定多模式疏散交通网络初步设计方案(可行交通组织策略)。多模式疏散可行交通组织策略的判定条件简单,对很多其他因素考虑欠佳。比如,没有考虑疏散交通组织策略的实施准备时间,疏散交通组织策略(F、G 和 H)的实施会影响私家车疏散效率和背景交通运行效率,疏散交通组织策略(I 和 J)的实施会影响背景交通运行效率。由此,本节提出疏散策略选择模型去优化多模式疏散交通网络初步设计方案。

5.4.1　模型搭建

疏散策略选择需要考虑公共交通和私家车疏散效率,还需要考虑背景交通出行损失时间及疏散交通组织策略的实施准备时间。基于以上研究需要,疏散策略选择模型如下:

目标函数

$$\min Z_{\text{eva}} = W_1^{\text{eva}} \times T_{\text{bus}} \times Z_{\text{bus}}^1 + W_2^{\text{eva}} \times T_{\text{car}} \times Z_{\text{car}}^1 + W_3^{\text{eva}} \times T_{\text{all}} \times Z_{\text{back}}$$

$$(5.39)$$

疏散条件下,式(5.39)中,Z_{eva} 为模型的目标函数值;T_{all} 为疏散持续时间;Z_{bus}^1 和 Z_{car}^1 分别为公共交通和私家车所有车辆疏散总时间;Z_{back} 为背景交通出行总损失时间;$W_x^{\text{eva}}(x=1、2 和 3)$ 为权重系数。

疏散交通规划中一般存在两个评价指标:疏散持续时间和所有车辆疏散总时间。在此,把疏散持续时间和所有车辆疏散总时间两者乘积作为疏散策略选择的评价值。为了考虑公共交通疏散效率、私家车疏散效率和背景交通运行效率之间的博弈竞争关系,疏散策略选择模型的目标函数[式(5.39)]包含 3 个部分:第一部分为公共交通网络疏散评价值;第二部分为私家车交通网络评价值;第三部分为背景交通持续损失评价值(同时考虑了背景交通出行总损失时间和疏散持续时间)。目标函数主要是寻找公共交通网络疏散、私家车交通网络疏散和背景交通持续损失评价值加权和的最小值。参数 W_1^{eva}、W_2^{eva} 和 W_3^{eva} 反映了3 种不同评价值之间的博弈关系,把疏散条件下多模式交通组织策略选择问题变为多目标优化问题。相关参数相互之间的关系定为:$W_3^{eva} > W_2^{eva} > W_1^{eva}$。

假设所有疏散车辆单程疏散时间大于所有疏散交通组织策略的实施准备时间,目标函数中相关指标计算如下:

式(5.40)是公共交通疏散持续时间的计算方法;式(5.41)是私家车交通疏散持续时间的计算方法;式(5.42)是疏散持续时间的计算方法。

$$T_{bus} = \psi_F \times T_f + \psi_G \times T_r + a_{last}^{bus} - a_0 \tag{5.40}$$

$$T_{car} = \psi_J \times T_r + \psi_I \times T_f + a_{last}^{car} - a_0 \tag{5.41}$$

$$T_{all} = \max\{T_{bus}, T_{car}\} \tag{5.42}$$

疏散条件下,式(5.40)和式(5.41)中,ψ_F、ψ_G、ψ_I 和 ψ_J 分别为疏散交通组织策略 F、H、I 和 J 实施判定系数;a_{last}^{bus} 和 a_{last}^{car} 分别为最后一辆公交车和私家车到达终点的时间。

式(5.43)和式(5.44)分别是公共交通疏散车辆在不需要返程和需要返程时公共交通总疏散时间的计算方法。

$$Z_{bus}^1 = N_{last} \times \left[\psi_F \times t_f^{bus} + \psi_G \times t_r^{bus} + \frac{N_{last}}{t_\Delta} \right]$$

$$N_{last} = \text{ceil}\left(\frac{d_{od}^{bus}}{Q} \right) \tag{5.43}$$

$$d_{od}^{bus} \leqslant N^{eva} \times Q$$

$$Z_{bus}^1 = \left(\begin{array}{l} (2 \times N_{turn} - 1) \times N^{eva} \times \left(\psi_F \times t_f^{bus} + \psi_G + t_r^{bus} + \frac{N^{eva}}{t_\Delta} \right) + \\[2mm] 2 \times N_{last} \times \left[\psi_F \times t_f^{bus} + \psi_G \times t_r^{bus} + \frac{N_{last}}{t_\Delta} \right] \end{array} \right) \tag{5.44}$$

$$N_{last} = \text{ceil}\left(\frac{d_{od}^{bus} - N_{turn} \times Q}{Q} \right)$$

$$d_{od}^{bus} > N^{eva} \times Q$$

$$N_{turn} = \text{floor}\left(\frac{d_{od}^{bus}}{N^{eva} \times Q} \right) \tag{5.45}$$

$$t_f^{\text{bus}} = \frac{L_f}{v^{\text{bus}}} \tag{5.46}$$

$$t_r^{\text{bus}} = \frac{L_r}{v^{\text{bus}}} \tag{5.47}$$

疏散条件下,式(5.43)—式(5.47)中,N_{last} 是最后一次从疏散起点到疏散终点的公交车数量;t_f^{bus} 和 t_r^{bus} 分别为公交车在路径 p_f 和路径 p_r 上的行驶时间;L_f 和 L_r 分别为路径 p_f 和路径 p_r 的长度;$\overline{\psi}_{\text{EF}}$ 为疏散交通组织策略 E 和 F 实施判定系数;N_{turn} 为公共交通疏散驶回的趟数。

式(5.48)是基于路径角度私家车交通总疏散时间的计算方法。

$$Z_{\text{car}}^1 = \sum_{p \in P_{od}} \sum_{a=1}^{A} b_{od}^p(a) \times t_p^{\text{eva}}(a) \times a_{\Delta} \tag{5.48}$$

式(5.49)是背景交通出行总损失时间的计算方法。

$$Z_{\text{back}} = \begin{pmatrix} T_{\text{bus}} \times \mu \times \left(\sum_{l \in p_f} \frac{\psi_{\text{F}} \times q_l^{\text{back}}}{2} + \sum_{l \in p_r} \frac{(2 \times \psi_{\text{G}} + \psi_{\text{H}}) \times q_l^{\text{back}}}{2} \right) + \\ T_{\text{car}} \times \mu \times \left(\sum_{l \in p_f} \frac{\psi_{\text{I}} \times q_l^{\text{back}}}{2} + \sum_{l \in p_r} \psi_{\text{J}} \times q_l^{\text{back}} \right) \end{pmatrix} \tag{5.49}$$

式(5.49)中,μ 为背景交通出行损失时间折减系数。

值得注意的是,对公共交通总疏散时间、私家车交通总疏散时间和背景交通出行总损失时间的其他计算方法或表述方式可参考论文《Optimal Design of Multimodal Traffic Strategies in Emergency Evacuation Considering Background Traffic》。

约束条件

包括动态交通流分配模型的约束条件,其他约束条件如下:

$$\psi_{\text{F}} + \psi_{\text{G}} + \overline{\psi}_{\text{FG}} = 1 \tag{5.50}$$

式(5.50)表示疏散交通策略 F 和 G 的实施情况。

5.4.2　求解算法

与常态策略选择求解算法相似,本小节同样采用禁忌算法对多模式疏散交通网络设计初步方案中的疏散可行交通组织策略进行优化选择。禁忌算法中编码策略、邻域映射、映射长度、映射次数、禁忌列表、禁忌长度、解(目标函数值)和藐视准则和求解过程与4.4.2节中相似。

5.5　本章小结

本章结合低行动力人群出行需求分析结果,以多模式疏散交通组织策略为建模导向,分析公共交通(低行动力人群主要疏散工具)疏散和私家车(高行动力人群主要疏散工具)疏散路权分配之间的博弈关系,构建了基于低行动力人群出行需求的多模式疏散交通网络优化设计模型。首先,采用疏散公交路径选择模型分别确定考虑背景交通下的公共交通最优疏散路径和驶回路径,并确定对应路径上的公共交通疏散流;其次,利用随机用户动态均衡分配模型确定在疏散网络中私家车动态交通流分布情况,即每个小时段的各有效疏散路径的驶入率;再次,基于3.2节中疏散交通组织策略初步适用条件确定多模式疏散交通网络初步设计方案;最后,使用疏散策略选择模型对多模式疏散可行交通组织策略进行优化选择,从而得到多模式疏散交通网络优化设计方案。

第6章 案例分析

本章基于温岭市轨道交通建设综合调查项目,把调查区域中道路网络抽象为建模需要的多模式交通网络,分别进行常态和疏散条件下的多模式交通网络设计的实例应用。

6.1 案例概况

案例分析中的道路网络由259个节点和406个路段组成,如图6.1所示,其中包含240个信号灯控制的路段,红绿灯配时见附录A。

道路划分为快速路、主干路、次干路和支路4种类型。由于缺乏道路细节,假设每种类型道路初始横断面布置相同,各种类型道路横断面示意图如图6.2所示。

图6.2(a)为快速路:包括中央隔离带、机非隔离带、人车分离设施、双向6条3.75 m的机动车道、双向两条3.5 m的非机动车道和双向两条0.9 m的步行道;机动车通行能力为3 900辆/h(单条车道为1 300辆/h),非机动车通行能力为2 400辆/h,步行通行能力为1 800人/h;私家车出行速度为80 km/h,公交车运行速度为30 km/h,电动车出行速度为20 km/h,自行车出行速度为10 km/h,步行速度为1.5 m/s。

图6.2(b)为主干路:包括中央隔离带、机非隔离带、人车分离设施、双向6条3.5 m的机动车道、双向两条3 m的非机动车道和双向两条2.5 m的步行

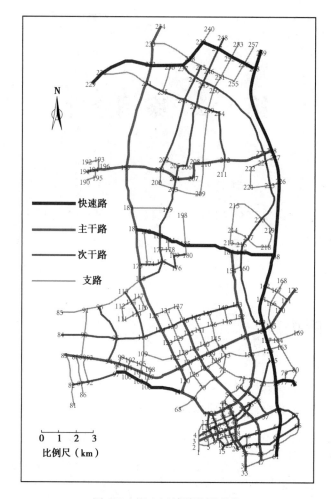

图6.1 调查区域道路网现状

道;机动车通行能力为 3 000 辆/h(单条车道为 1 000 辆/h),非机动车通行能力

为 2 200 辆/h,步行通行能力为 6 000 人/h;私家车出行速度为 50 km/h,公交车

运行速度为 30 km/h,电动车出行速度为 20 km/h,自行车出行速度为 10 km/h,

步行速度为 1.5 m/s。

图6.2(c)为次干路:包括机非隔离带、人车分离设施、双向4条3 m的机动

车道、双向两条 2.5 m 的非机动车道和双向两条 1.5 m 的步行道;机动车通行能

力为 1 400 辆/h(单条车道为 700 辆/h),非机动车通行能力为 2 000 辆/h,步行通

行能力为 4 000 人/h;私家车出行速度为 40 km/h,公交车运行速度为 30 km/h,电动车出行速度为 20 km/h,自行车出行速度为 10 km/h,步行速度为 1.5 m/s。

图 6.2(d)为支路:包括双向 4 条 3 m 的机动车道、双向两条 1.5 m 的非机动车道和双向两条 0.75 m 的步行道;机动车通行能力为 800 辆/h(单条车道为 400 辆/h),非机动车通行能力为 800 辆/h,步行通行能力为 1 500 人/h;私家车出行速度为 30 km/h,公交车运行速度为 30 km/h,电动车出行速度为 15 km/h,自行车出行速度为 8 km/h,步行速度为 1.5 m/s。

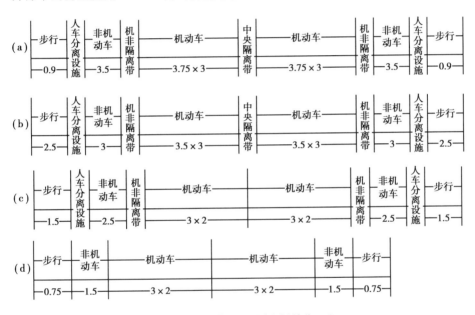

图 6.2　道路横断面示意图(单位:m)

6.2　常态案例

6.2.1　常态需求与参数输入

多模式常态需求加载:把第 2 章的居民出行 OD 调查数据作为基础数据(详

见网页中的 Supplemental Materials[①]），通过扩样把其换算成多模式常态出行需求。

根据实际情况和模型需求，常态下相关参数输入值设定见表 6.1。

表 6.1　常态参数输入

参数	输入值	参数	输入值	参数	输入值
γ_{bus}	1.5	N^{bus}	13	Q	80
λ_1	0.25	λ_2	0.3	λ_3	0.6
λ_4	0.7	λ_5	0.4	λ_6	0.5
λ_7	0.6	λ_8	0.8	λ_9	5
λ_{10}	0.5	W_1^{bus}	0.15	W_2^{bus}	0.3
W_3^{bus}	0.55	W_4^{bus}	0.45	W_5^{bus}	0.55
W_6^{bus}	0.4	W_7^{bus}	0.6	W_8^{bus}	0.35
W_9^{bus}	0.65	L_{max}	45	L_{min}	10
h_{max}	20	h_{min}	7.5	T_{LMI}^{no}	80
T_{GP}^{no}	40	K	100	α	0.9
β	0.2	δ	0.1	ρ	0.3
N^{nor}	77	θ_1	0.5	W_1^{car}	0.5
W_2^{car}	0.5	ρ_{car}	0.75	η	1.89
α_1	0.15	β_1	0.4	lag	2.09
φ	0.25	N_h	2	L_{car}	7.5
ε	0.01	w_s^{car}	3.75	w_s^{bik}	3.5
w_s^{wal}	2.5	λ_n^{OA+DI}	0.1	λ_n^{LI}	0.1

---

① ASCE library.

续表

参数	输入值	参数	输入值	参数	输入值
W_1^{nor}	0.15	W_2^{nor}	0.15	W_3^{nor}	0.15
W_4^{nor}	0.35	W_5^{nor}	0.2	W_1^{wal}	0.4
W_2^{wal}	0.6	W_1^{bik}	0.4	W_2^{bik}	0.6
Δ^{wal}	1.4	Δ^{bik}	4	Δ^{car}	0.4
Δ^{bus}	2	ρ_1^A	5	ρ_2^B	6
ρ_2^C	1.5	ρ_2^D	1.5		

6.2.2　相关算法性能

多模式常态交通网络优化设计模型包括常态公交路径选择、随机用户静态平衡分配和常态策略选择 3 个子模型。本小节将分别对 3 种模型中算法的性能进行验证。

（1）常态公交路径选择

公交线路原有配置和优化配置及相关指标见表 6.2（a）。原有公交线路和优化公交线路之间线路配置变化满足了优化设计要求,其中,蚁群算法对公交线路 1、2、6、7、9、10、11 和 12 进行了大调优化,它们的原有配置与优化配置之间发生了大规模变化;遗传算法对大调后的公交线网进行了微调优化,公交线路 4和 13 的原有配置和优化配置之间发生了微变化;其他公交线路的原有配置和优化配置之间没有变化。所有公交线路的直达出行密度都不小于 10 次/km,基本符合直达密度出行越大,车头时距越小,同时为多模式常态交通组织策略 C和 D 的初步适用条件提供了判断依据。

公交线网原有方案和优化方案的相关指标(满足直达公共出行需求、低行动力人群和普通大众直达平均出行时间比、满足换乘公共出行需求、低行动力人群和普通大众换乘平均出行时间比、未满足公共出行需求和目标函数值)见表6.2(b)。对比结果显示:与原有方案对比,优化方案可以满足更多的直达和换乘公共出行需求,从而减少未满足公共交通服务出行次数,同时满足了更多低行动力人群直达和换乘公共出行需求。

表6.2 公交原有和优化方案结果

(a)公交线路

编号	方案	公交线路配置	Dd_n	L_n	h_n	是否ACA
1	原有	59,53,54,71,132,126,120,121,122,123,124,125,118,173,181,189,197,231,235	5.4	30.4	12	是
	优化	59,60,73,74,75,155,156,157,158,159,160,154,186,187,216,217,220,223,221,222,224,225,250,245,244,241,235	18.7	40.6	7.5	
2	原有	3,6,9,18,25,29,39,55,57,58,75,74,73,72,138,139,140,141,142,147,149	8.0	21.3	10	是
	优化	3,6,9,10,14,20,19,18,25,29,30,31,32,22,13,69,70,71,72,143,144,145,146,148,149	42.9	16.0	7.5	
3	原有	3,4,7,10,14,20,30,31,32,44,54,60,73,74,75,76,77,78	32.9	11.3	15	否
	优化	3,4,7,10,14,20,30,31,32,44,54,60,73,74,75,76,77,78	30.2	11.3	20	
4	原有	33,34,35,36,37,27,23,16,17,8,5,2,3,6,9,18,25,29,39,55,57,65,67	8.9	16.4	7.5	否
	优化	33,34,35,36,26,27,28,24,17,8,5,2,3,6,9,18,25,29,39,55,57,65,67	10.4	16.4	20	
5	原有	66,63,49,45,36,26,27,28,29,30,31,32,43,53,59,74,150,156,157,158,165,166,167,171,172	20.6	24.3	7.5	否
	优化	66,63,49,45,36,37,27,28,29,30,31,32,43,53,59,74,150,156,157,158,165,166,167,171,172	20.9	24.3	10	

续表

编号	方案	公交线路配置	Dd_n	L_n	h_n	是否 ACA
6	原有	47,48,49,45,36,26,27,23,24,25,18,19,20,21,22,13,69,119,106	0.2	15.0	7.5	
	优化	47,48,49,45,46,37,38,28,27,23,16,17,8,5,2,3,4,7,10,14,20,30,31,32,44,54,71,70,126,120,119,106	35.2	25.7	7.5	是
7	原有	67,64,50,55,51,56,58,59,60,73,72,143,144,145,140,134,128,129,130,124,110,113,114	4.1	27.4	7.5	
	优化	67,66,62,48,49,50,55,51,56,52,53,59,60,54,71,72,138,132,126,70,69,119,106,107,104,105,109,110,113,111,112,114	20.1	40.6	12	是
8	原有	67,65,57,58,56,52,41,42,43,32,22,13,69,119,120	11.0	13.8	10	
	优化	67,65,57,58,56,52,41,30,31,32,22,13,69,119,120	28.4	13.8	10	否
9	原有	3,6,9,18,25,29,39,40,41,52,53,59,74,150,151,152,153	2.2	11.9	15	
	优化	3,4,7,10,14,11,12,21,20,19,18,25,29,30,41,40,51,56,58,75,76,77,78,80,163,156,157,158,151,152,153	32.8	20.2	20	是
10	原有	3,2,5,8,17,24,28,38,39,40,51,52,56,58,75,155,156,163,164,169	14.4	15.8	20	
	优化	3,4,12,11,14,19,20,30,41,40,51,55,57,65,76,77,78,80,163,164,169	29.0	18.4	8.5	是
11	原有	58,59,53,54,71,132,133,134,135,136,137	0.3	11.5	10	
	优化	58,56,51,40,39,29,25,18,19,14,10,11,12,13,69,70,126,127,128,134,140,141,142,136,137	46.8	19.0	7.5	是
12	原有	47,61,62,63,64,65,76,155,156,157,158,159,161,162	0.8	16.2	10	
	优化	47,61,62,66,67,65,76,77,78,80,163,164,165,170,166,161,162	12.4	20.4	15	是

续表

编号	方案	公交线路配置	Dd_n	L_n	h_n	是否ACA
13	原有	57,58,59,74,150,151,152,153,154,160, 187,216,217,218,219,220,223,224	26.7	28.0	12	否
	优化	57,58,75,74,150,151,152,153,154,160, 187,216,217,218,219,220,223,224	36.5	28.0	7.5	

(b)公交线网

	群组	原有公交线网	优化公交线网
满足直达公共出行需求/次	普通大众	1 830	3 952
	低行动力人群	3 396	9 536
低行动力人群和普通大众直达平均出行时间比		0.54	0.41
满足换乘公共出行需求/次	普通大众	520	1 254
	低行动力人群	1 330	1 676
低行动力人群和普通大众换乘平均出行时间比		1.59	1.17
未满足公共出行需求/次	普通大众	6 650	3 816
	低行动力人群	23 729	17 279
目标函数值/min		1 195 194	857 763

在常态公交路径选择模型中的算法是混合遗传算法(ACA-GA),为改进算法,此处与 Nayeem 等(2014)建议遗传算法(GA)和 Yang 等(2007)建议蚁群算法(ACA)的性能进行对比。在没有任何常态交通组织策略实施下,每种算法在相同公共出行需求加载下运行 10 次实验,对比结果如图 6.3 所示。在优化质量方面,ACA-GA 是最好的;在运算持续时间方面,ACA-GA、GA 和 ACA 的计算时间几乎是相等的(通过多次运行实验结果发现,3 种算法的运算持续时间主

要取决迭代次数的多少）。总的来说，ACA-GA 在常态公交选择模型中应用比 GA 和 ACA 更有效。

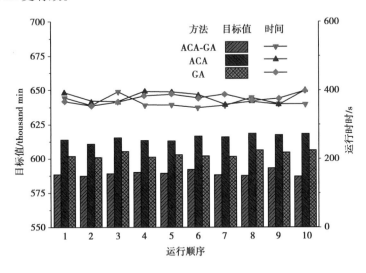

图 6.3　不同算法对比结果

优化后每条公交线路满足的普通大众、低行动力人群、老年和残疾人群、低收入人群直达公共出行需求见表 6.3，为多模式常态交通组织策略 C 和 D 的初步适用条件提供了判断依据。

表 6.3　优化公交线路满足直达公共出行需求（次）

编号	普通大众	低行动力人群	老年和残疾人群	低收入人群
1	404	1 132	272	1 070
2	256	1 128	744	654
3	104	402	294	160
4	132	200	106	162
5	398	374	270	116
6	704	396	152	244
7	482	1 048	196	946
8	122	348	118	268

续表

编号	普通大众	低行动力人群	老年和残疾人群	低收入人群
9	426	760	382	470
10	166	804	156	700
11	380	1 248	956	508
12	54	388	14	388
13	228	874	438	670

基于以上分析,常态公交路径选择模型中的 ACA-GA 是有效的。

（2）随机用户静态平衡分配

随机用户静态平衡分配模型中的求解方法是连续权重平均法(MSWA)。常态下,在没有任何交通组织策略实施时,使用 MSWA 对步行、非机动车和私家车进行静态交通流分配 10 次。步行交通流分配平均运算持续时间为 1.5 s,迭代次数为 4;非机动车交通流分配平均运算持续时间为 4.3 s,迭代次数为 4;私家车交通流分配平均运算持续时间为 35.8 s,平均迭代次数为 4。

调查中仅获取部分路段私家车交通量分布数据,如图 6.4(a)所示。通过与私家车交通流分配结果[图 6.4(b)]对比发现,图 6.4(a)中存在路段的交通量与图 6.4(b)中相同路段的交通量分布情况基本相同(不同的主要原因是交通流分配中没有考虑过境车辆),从而判定 MSWA 的优化质量达到预期效果。

步行交通流分配结果、老年和残疾人群步行交通流分配结果、非机动车交通流分配结果和低收入人群非机动车交通流分配结果如图 6.5 所示,为多模式常态交通组织策略 A 和 B 的初步适用条件提供了判断依据。

基于以上分析,可以验证随机用户静态平衡分配模型中的 MSWA 是有效的。

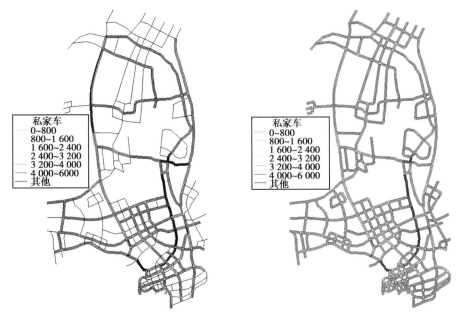

（a）部分路段实际调查交通量　　　　　（b）交通流分配结果

图6.4　私家车交通流分布

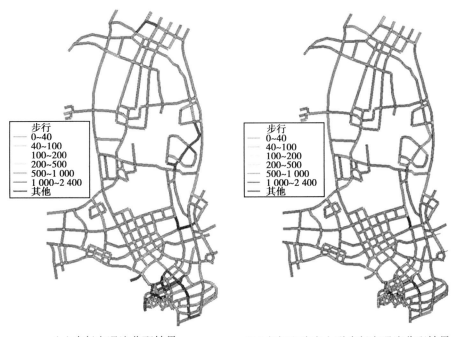

（a）步行交通流分配结果　　　　　（b）老年和残疾人群步行交通流分配结果

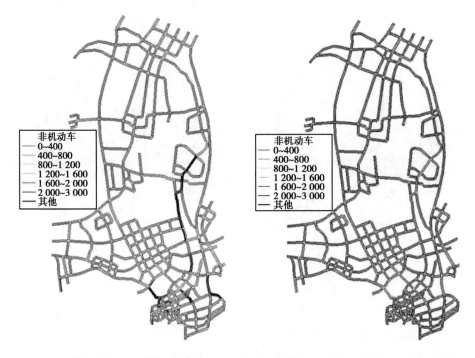

（c）非机动车交通流分配结果　　　（d）低收入人群非机动车交通流分配结果

图6.5　步行和非机动车交通流分布

（3）常态策略选择

多模式常态交通网络优化设计中的可行和优化交通组织策略见附录 B。常态策略选择模型中采用的算法是禁忌算法（TA）。把可行交通组织策略作为第一次迭代的当前方案，禁忌长度为 5，每次迭代邻域映射长度为 5，映射次数设定为 2，禁忌算法的预定迭代次数为 2 000 次，常态策略选择过程运行 10 次，平均运算持续时间为 1.29 s（程序对已计算方案进行记忆和修改进而减少了很多重复运算时间），平均迭代收敛次数为 1 209.9。基于以上分析，常态策略选择模型中 TA 是有效的，形成最优方案的迭代过程（迭代次数和当前迭代最优解的关系）如图 6.6 所示。

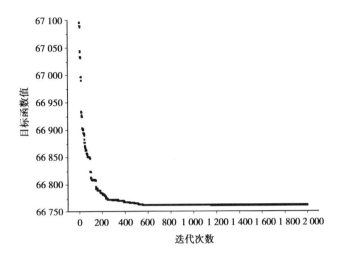

图 6.6　算法收敛图

6.2.3　常态方案评价

（1）常态公交网络

1）权重系数灵敏性分析

本节中直达出行、换乘出行和未能获得服务成本之间权重的灵敏性分析与 Fan 和 Machemehl(2006、2008)所提出的结果相似。考虑本书的主要研究对象是低行动力人群,本节主要分析低行动力人群与普通大众之间的权重系数的灵敏性。首先,提权 3 种不同的权重配比:①倾向于低行动力人群出行的权重配比,参数 W_4^{bus}、W_5^{bus}、W_6^{bus}、W_7^{bus}、$T_{\text{LMI}}^{\text{mo}}$ 和 $T_{\text{GP}}^{\text{mo}}$ 的值见表 6.1;②对低行动力人群和普通大众倾向性相等的权重配比,参数 W_4^{bus}、W_5^{bus}、W_6^{bus} 和 W_7^{bus} 的值都为 0.5,参数 $T_{\text{LMI}}^{\text{mo}}$ 和 $T_{\text{GP}}^{\text{mo}}$ 的值都为 60;③倾向于普通大众出行的权重配比,参数 W_4^{bus}、W_5^{bus}、W_6^{bus}、W_7^{bus}、$T_{\text{LMI}}^{\text{mo}}$ 和 $T_{\text{GP}}^{\text{mo}}$ 的值分别为 0.55、0.45、0.6、0.4、80 和 40。这 3 种权重配比的公交路线网络解决方案的结果在表 6.4 中分别表示为解决方案①、解决方案②和解决方案③。比较表明,在 3 种不同的解决方案中,直达出行、换乘出行和未能获得服务的数量几乎相等,但解决方案③中低行动力人群与普通大众之间的直接出行数量和平均出行时间比在 3 种解决方案中最大,其次是解决方案

②,然后是解决方案①。这些发现表明,对比其他两种权重配比,本书中提出的权重配比(即倾向于低行动力人群出行的权重配比)应用于公交网络优化问题,会更好地促进低行动力人群的公共交通出行环境。

表6.4　不同权重配比下公交线网优化结果

	群组	解决方案①	解决方案②	解决方案③
满足直达公共出行需求/次	普通大众	3 952	3 922	4 204
	低行动力人群	9 536	9 202	9 478
低行动力人群和普通大众直达平均出行时间比		0.41	0.43	0.44
满足换乘公共出行需求/次	普通大众	1 254	1 216	1 030
	低行动力人群	1 676	1 898	1 694
低行动力人群和普通大众换乘平均出行时间比		1.17	1.07	1.12
未满足公共出行需求/次	普通大众	3 816	3 911	3 789
	低行动力人群	17 279	17 428	17 319
目标函数值/min		857 763	718 191	562 194

2)从蚁群到遗传算法的演化过程

本节主要从公交线路和公交网络两个方面分析从蚁群(ACA)到遗传算法(GA)的演化过程,包括大调过程(从原始方案到 ACA 优化方案)和微调过程(从 ACA 优化方案到最终优化方案)。

①公交线路。如图6.7所示,公交线路 2 在大调过程中对站点配置进行了更大规模的调整,这导致从原始方案到 ACA 优化方案的过程中满足的公共交通出行需求增加了 252 次。然而,公交线路 2 在微调过程中(从 ACA 优化方案到最终优化方案)站点配置仅产生细微变化,与预期的变化程度一致,可以说在微调过程中公交线路 2 满足的公共交通需求没有发生明显变化。不过,在微调过程中,公交线路 2 满足的公交出行需求增加了 274 人。主要原因是在微调期

间,公交线路 2 的车头时距从 10 min 减少到 7.5 min。同样,公交线路 6、7、9、10、11 和 12 的演化过程分析与公交线路 2 的进化分析相似。

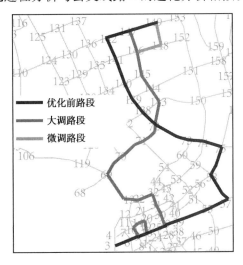

图 6.7　公交线路 2 从原始方案到最终优化方案的站点演化过程

②公交网络。表 6.5 列出了 ACA 优化方案的结果。将原始路线与 ACA 优化公交网络进行比较,发现在大调的演变过程(从原始方案到 ACA 优化方案)中,ACA 公交网络实现了更多的直达出行和换乘,但对低行动力人群和普通大众的倾向趋势(低行动力人群和普通大众直达和换乘平均出行时间比)几乎相等。此外,通过对比 ACA 优化方案和最终优化方案的演化过程,发现在微调演化过程中,不仅满足了公共交通直达和换乘出行次数变多,而且对低行动力人群公共交通出行倾向趋势(低行动力人群和普通大众直达和换乘平均出行时间比)也增加了。

表 6.5　演化过程中的方案结果

	群组	原始方案	ACA 优化方案	最终优化方案
满足直达公共出行需求/次	普通大众	1 830	3 694	3 952
	低行动力人群	3 396	8 734	9 536
低行动力人群和普通大众 直达平均出行时间比		0.54	0.42	0.41

续表

	群组	原始方案	ACA 优化方案	最终优化方案
满足换乘公共出行需求/次	普通大众	520	810	1 254
	低行动力人群	1 330	1 808	1 676
低行动力人群和普通大众换乘平均出行时间比		1.59	1.01	1.17
未满足公共出行需求/次	普通大众	6 650	4 510	3 816
	低行动力人群	23 729	17 940	17 279
目标函数值/min		1 195 194	900 512	857 763

（2）常态多模式交通分配

1）参数 θ_1 的灵敏性分析

在此特地介绍相似系数去更好地分析常态下路径选择费用调整参数 θ_1，这个系数可以描述两个分配矩阵的相似度。

$$r(A,B) = \begin{cases} 1, & \text{if } A = B \\ \dfrac{\left| \sum\limits_{x} \sum\limits_{y} (A_{xy} - \bar{A}) \times (B_{xy} - \bar{B}) \right|}{\sqrt{\left[\sum\limits_{x} \sum\limits_{y} (A - \bar{A}) \right]^2 \times \left[\sum\limits_{x} \sum\limits_{y} (B - \bar{B}) \right]^2}}, & \text{if } A = B \end{cases}$$

(6.1)

其中，$r(A,B)$ 是矩阵 A 和 B 的相似系数；x 和 y 分别表示一个矩阵的行数和列数；需要注意的是，当两个矩阵相同或者完全不同时，它们的相似系数分别为 1 和 0；相似系数的值在 0 和 1 之间变化，值越大表明相似度越高。

此处，设定 θ_1 矩阵 A 为 θ_1 等于 1 时的随机用户静态平衡分配模型（即建议模型）分配结果，θ_1 值为 1；设定矩阵 B 为 θ_1 分别等于 0.1、0.3、0.5、0.7 和 1 时的随机用户静态平衡分配模型分配结果。如图 6.8(a)—图 6.8(c) 分别展示了步行、非机动车和私家车交通模式下不同路径选择费用调整参数的相似系数变化曲线。可以发现，相似系数 $r(A,B)$ 的值与路径选择费用调整参数 θ_1 成正比。

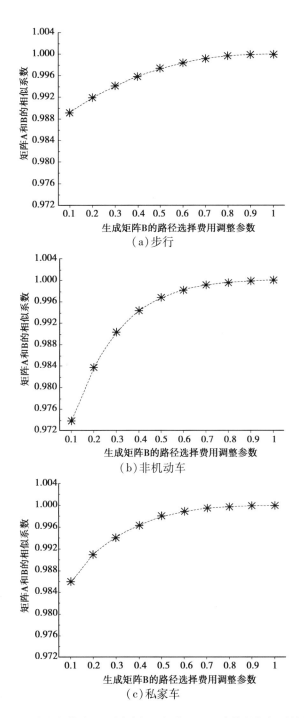

图 6.8　3 种出行模式下不同路径选择费用调整参数的相似系数分布

2)模型对比

在此定义以下 6 种模型：

①model-all,在广义出行成本函数中考虑交叉口的出行时间、不同车道间的交通阻碍、私家车的燃油费用。

②model-1,在广义出行成本函数中仅考虑交叉口的出行时间。

③model-2,在广义出行成本函数中仅考虑不同车道间的交通阻碍。

④model-3,在广义出行成本函数中仅考虑私家车的燃油费用。

⑤model-no,在广义出行成本函数中不考虑交叉口的出行时间、不同车道间的交通阻碍、私家车的燃油费用。

⑥model-nl,使用平均分布的方式来描述不同候选路径的出行偏好,而不使用 logistic 回归函数。

在此,把 model-no 的分配结果设定为矩阵 A,其他 5 个模型的分配结果设定为矩阵 B,分别讨论步行、非机动车和私家车交通的分配结果的实用性。如图 6.9(a)—图 6.9(c)分别描述了步行、非机动车、私家车模型下 5 种模型相似系数变化分布,从中可以发现相似系数越小,考虑实际情况的程度就越小。研究发现,在广义出行成本函数中考虑交叉口的出行时间、不同车道间的交通阻碍、私家车的燃油费用会影响分配结果,证明随机用户静态平衡分配模型(建议模型)有实用性,其中交叉口的出行时间对模型的影响最大。此外,模型中步行分配结果受到的影响最大,其次是非机动车和私家车。

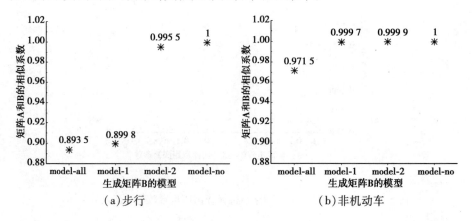

(a)步行   (b)非机动车

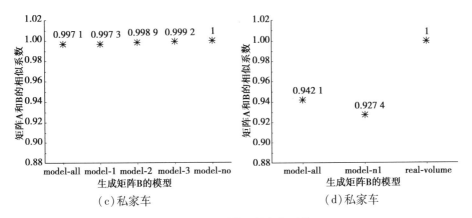

图6.9　不同模型的相似系数

3）低行动力群组的讨论

老年人和残疾人在步行中有很多相似的限制,因此这里把老年人和残疾人定义为一个整体群组进行讨论,称为老年和残疾人群。如图6.10(a)所示描述了老年和残疾人群的步行交通量的分配结果,结合图2.1(第2章),发现中心城区的老年和残疾人群的步行交通量明显大于其他地区,这个结果与之前很多研究结果类似,即老年人和残疾人步行活动多存在与交通顺畅的城区。非机动车为低收入人群的主要出行方式,如图6.10(b)所示描述了低收入群体的非机动车交通量分配结果,同样结合图2.1(第2章),发现低收入群体的非机动车交通量集中在郊区,这个研究结果与第2章的分析结果一致,即大多数低收入人群的居住地址不在中心城区。

（3）常态策略选择

1）优化前后的结果分析

多模式常态交通网络优化前和优化后设计方案的相关指标见表6.6。与优化前方案对比,在公共交通中,相同车队规模(公交车辆数)运营下,优化后方案可满足更多的出行需求(尤其是低行动力人群出行需求)次数,而且平均出行速度明显提高;在步行交通中,满足相同老年和残疾人群出行需求次数下,优化后方案的老年和残疾人群出行总时间有所减少;在非机动车交通中,满足相同出

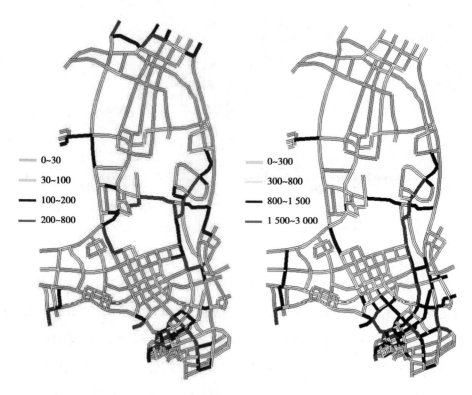

（a）老年和残疾群体步行分配结果　　　　（b）低收入人群非机动车分配结果

图6.10　交通量分配结果

行需求次数下,优化后方案的居民出行总时间有所减少,同时发现低收入人群出行总时间减少力度明显比其他群组更大;在私家车交通中,满足相同出行需求次数下,优化后方案出行总时间增加很少。基于以上分析,结合模型优化目标,可以得出评价结论:多模式常态交通网络优化设计方案优于原有(优化前)设计方案,进而检验了基于低行动力人群出行需求的多模式常态交通网络优化设计模型的可行性和多模式常态交通组织策略的实用性。

表6.6　优化前后设计方案指标对比

指标(单位)	模式	群组	优化前方案	优化后方案
满足的乘客 出行需求/次	公共交通	低行动力人群	4 551	4 804
		普通大众	1 928	1 675

续表

指标(单位)	模式	群组	优化前方案	优化后方案
平均出行时间 /h	公共交通	低行动力人群	1.371 7	0.893 9
		普通大众	1.430 4	0.910 3
	步行	老年和残疾人群	2.163 1	2.100 8
		其他	1.980 5	1.980 5
	非机动车	低收入人群	0.755 5	0.744 4
		其他	0.639 7	0.639 7
策略实施费用 /h	公共交通、步行、非机动车		0	1 240.94
出行时间延误 /h	私家车		0	362.53
目标函数值 /h			66 961.2	66 762.8

2)权重系数灵敏性分析

本部分直达出行、换乘出行和未能获得服务成本之间权重的灵敏性分析与 Fan 和 Machemehl(2006、2008)所提出的结果相似。考虑本书的主要研究对象是低行动力人群,本节主要分析低行动力人群与普通大众之间的权重系数的灵敏性。

首先,提取 3 种不同权重配比:①倾向于低行动力人群出行的权重配比,参数 W_1^{nor}、W_2^{nor}、W_3^{nor}、W_4^{nor}、W_5^{nor}、W_8^{bus}、W_9^{bus}、W_1^{wal}、W_2^{wal}、W_1^{bik} 和 W_2^{bik} 的值见表6.1;②倾向于普通大众出行的权重配比,参数 W_1^{nor}、W_2^{nor}、W_3^{nor}、W_4^{nor}、W_5^{nor} 的值分别为0.25、0.25、0.25、0.05 和0.2,W_8^{bus}、W_9^{bus}、W_1^{wal}、W_2^{wal}、W_1^{bik} 和 W_2^{bik} 的值分别为0.6、0.4、0.6、0.4、0.6 和0.4;③对低行动力人群和普通大众倾向性相等的权重配比,参数 W_1^{nor}、W_2^{nor}、W_3^{nor}、W_4^{nor}、W_5^{nor} 的值都为0.2,W_8^{bus}、W_9^{bus}、W_1^{wal}、W_2^{wal}、W_1^{bik} 和 W_2^{bik} 的值都为0.5。对应这 3 种权重配比的结果在表6.7 中分别为优化后方案、偏向普通大众方案和公平方案。附录 B 中给出了相应的策略,即优化后策略、偏向普通大众策略和公平策略。

表 6.7 3 种权重比的设计方案指标对比

指标(单位)	模式	群组	优化后方案	偏向普通大众方案	公平方案
满足的乘客出行需求/次	公共交通	低行动力人群	4 804	4 551	4 551
		普通大众	1 675	1 928	1 928
平均出行时间/h	公共交通	低行动力人群	0.893 9	0.437 3	0.593 6
		普通大众	0.910 3	0.678 5	0.796 7
	步行	老年和残疾人群	2.100 8	2.068 5	2.068 5
		其他	1.980 5	1.980 5	1.980 5
	非机动车	低收入人群	0.744 4	0.730 0	0.735 3
		其他	0.639 7	0.639 7	0.639 7
策略实施费用/h	公共交通、步行、非机动车		1 240.94	3 153.20	2 498.71
出行时间延误/h	私家车		362.53	1 452.29	797.91
目标函数值/h			66 762.8	67 089.8	66 854.4

正如附录 B 中所示,倾向普通大众方案和公平解决方案中没有策略 C 和 D,因为策略 C 和 D 已经考虑了低行动力人群和普通大众之间的博弈竞争关系,也就是说策略 C 和 D 已经增加了低行动力乘客的数量和减少了普通大众乘客的数量,无法在倾向普通大众方案和公平解决方案中实施。再者,策略 A、B 和 E 在 3 种方案中的实施没有受到影响,因为策略 A 和 B 只降低了老年和残疾人群的步行速度以及低收入人群的非机动车速度,而策略 E 在相同程度上提高了低行动力人群和普通大众的公共交通出行速度。最后,研究结果发现,与策略实施费用有关的权重 W_5^{nor} 在模型运算中发挥了至关重要的作用,当 W_5^{nor} 的权重值大于 W_1^{nor}、W_2^{nor}、W_3^{nor} 的权重值时,结果倾向于策略 A、B、C 和 D 的实施,这就是优化后方案;当 W_5^{nor} 的权重值小于 W_1^{nor}、W_2^{nor}、W_3^{nor} 的权重值时,结果就不倾向策略 A、B、C 和 D 的实施,这就是公平方案。

3)策略选择演化分析

本部分展示了策略选择的演化分析过程,包括优化前方案、可行方案(根据表3.1所得)、优化后方案。3 个设计方案的指标见表6.8,可以发现,目标函数最优的为优化后方案,其次是优化前的方案,最后是可行方案。但可行方案中低行动力人群的出行指标优于其他两个方案,考虑到在一定程度上需要考虑普通大众的出行指标,常态策略选择模型的应用是非常有必要的。不同策略的布局见附录 B。

表 6.8 演化过程中的设计方案指标对比

指标(单位)	模式	群组	优化前方案	可行方案	优化后方案
满足的乘客出行需求/次	公共交通	低行动力人群	4 551	4 819	4 804
		普通大众	1 928	1 660	1 675
平均出行时间/h	公共交通	低行动力人群	1.371 7	0.499 7	0.893 9
		普通大众	1.430 4	0.542 3	0.910 3
	步行	老年和残疾人群	2.163 1	2.068 5	2.100 8
		其他	1.980 5	1.980 5	1.980 5
	非机动车	低收入人群	0.755 5	0.729 3	0.744 4
		其他	0.639 7	0.639 7	0.639 7
策略实施费用/h	公共交通、步行、非机动车		0	3 290.96	1 240.94
出行时间延误/h	私家车		0	1 452.29	362.53
目标函数值/h			66 961.2	67 097.1	66 762.8

①从优化前方案到可行方案。根据不同策略的初步应用条件(见表3.1),附录 B 中列出了所有可行策略的变量,以方便描述可行解决方案(包括可行策略)的初步判断过程。如附录 B 所示,战略 C 可在 3 条不同的公交线路上实施,战略 D 可在 4 条不同的公交车线路上实施;战略 A 可在 36 条不同的定向路段上实施。在可行的解决方案中,策略 C 应用了 3 次,策略 D 应用了 4 次,策略 A

应用了 36 次,策略 B 应用了 35 次,策略 E 应用了 23 次。对可行策略的判断过程基本符合 MTSLMI 原则,间接暗示了与可行策略初步判断相关的参数设置的正确性。

②从可行方案到优化后方案。附录 B 中给出了由最优策略组成的最优解,其中,实施了两个可行策略 C,放弃了一个可行策略 C;实施了所有可行的策略 D;实施了 19 个可行的战略 A,放弃了 17 个可行的策略 A;实施了 9 个可行的策略 B,放弃了 26 个可行的战略 B;实施了 12 个可行的战略 E,最后放弃了 11 个可行的策略 E。此外,在最优解中,放弃的可行策略对初步应用条件通常比实施的可行策略更适合改善 LMI 旅行环境。例如,3 号公交路线的数值都小于 11 号公交路线的数值。所得结果证明了最优解的质量和优化模型的实用性。

6.3 疏散方案

6.3.1 疏散需求和参数输入

疏散起点设置为节点 50,疏散终点设置为节点 84,选取常态私家车交通量为背景交通量,选取疏散候选路径 5 条,如图 6.11 所示。基于研究需要假定:公共交通疏散需求为 7 500 次,私家车交通疏散需求为 2 000 辆或者 50 000 辆(根据算法性能验证决定)。

根据实际情况和模型需求,疏散条件下新增参数输入值设定见表 6.9。

6.3.2 相关算法性能

多模式常态交通网络优化设计模型包括疏散公交路径选择、随机用户动态均衡分配和疏散策略选择 3 个子模型。本小节将分别对 3 种模型中算法性能进行验证。

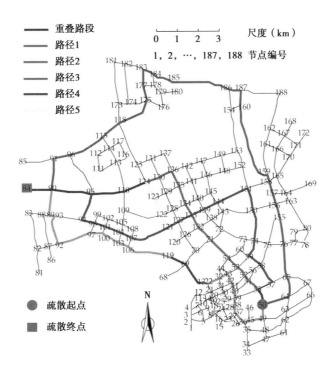

图 6.11 疏散路径网络

表 6.9 疏散参数输入

参数	输入值	参数	输入值	参数	输入值
λ_{11}	1.5	N^{eva}	1 000	η_s	3
a_Δ	1	$[a_0, a_1]$	$[0, 60]$	θ_2	1
θ_3	1	W_1^{eva}	0.2	W_2^{eva}	0.3
W_3^{eva}	0.5	μ	0.005	v_Δ^{pub}	10
v_Δ^{car}	25	t_Δ	0.33		

（1）疏散公交路径选择

疏散公交路径选择模型中采用的算法是蚁群算法（ACA）。在没有任何常态交通组织策略实施下,设定蚁群算法预定迭代次数为50,在常态交通道路网

（无支路）上,疏散公交路径选择过程运行 10 次实验,平均运算持续时间为 36.2 s,平均迭代收敛次数为 21.3。最优公共交通疏散路径为[50,55,51,52, 53,54,71,132,133,127,121,107,104,101,98,94,95,90,84],路径长度为 13.7 km,路径可行通行能力 410 辆/h,路径背景交通量为 990 辆/h;最优公共 交通驶回路径为[84,90,95,110,124,123,122,121,127,133,132,71,54,53,52, 51,55,50],路径长度为 13.1 km,路径可行通行能力 425 辆/h,路径背景交通量 为 975 辆/h。基于以上分析,该模型中 ACA 是有效的。

（2）随机用户动态均衡分配

随机用户动态均衡分配模型中的求解方法是随机动态交通网络加载方法。 疏散条件下,在没有任何交通组织策略实施时,加载背景交通量和私家车疏散出 行需求,使用该方法对私家车疏散交通流进行动态分配 10 次,其中,平均运算持 续时间为 28.6 s,迭代次数为 5。需要注意的是,这里的从疏散起点到疏散终点的 私家车需求为 2 000 辆。随机用户静态和动态交通分配模型对私家车疏散交通的 分配结果见表 6.10,对比发现,两种模型分配下的路段疏散私家车数量分布相差 不大,而随机用户静态平衡模型及相关算法已在 6.2.2 节中验证,由此判定随机 动态交通网络加载方法对随机用户动态均衡模型的求解过程达到了预期效果。 基于以上分析,该模型中的随机动态交通网络加载方法是有效的。

表 6.10　静态和动态交通分配下路段私家车疏散车数量分布(辆)

路段 编号	静态 分配	动态 分配	路段 编号	静态 分配	动态 分配	路段 编号	静态 分配	动态 分配
(17,8)	32	27	(42,31)	56	262	(101,98)	2743	2 226
(8,9)	32	27	(31,32)	110	405	(103,100)	2 044	1 507
(18,9)	127	99	(43,32)	1 153	349	(100,101)	1 187	910
(9,10)	159	126	(44,32)	11	30	(104,101)	1 557	1 316
(14,10)	19	15	(46,37)	1 703	1 230	(106,103)	2 636	1 919

续表

路段编号	静态分配	动态分配	路段编号	静态分配	动态分配	路段编号	静态分配	动态分配
(10,11)	178	141	(37,38)	664	500	(103,104)	592	413
(14,11)	235	236	(38,39)	301	228	(107,104)	965	903
(11,12)	412	377	(55,39)	756	507	(119,106)	3 172	2 355
(21,12)	12	44	(39,40)	553	294	(106,107)	536	435
(12,13)	424	421	(51,40)	209	133	(121,107)	428	468
(22,13)	2 748	1 819	(40,41)	762	427	(122,109)	60	47
(19,14)	236	172	(52,41)	177	215	(109,110)	60	47
(20,14)	103	116	(41,42)	894	487	(124,110)	540	1 330
(23,16)	293	180	(42,43)	838	225	(69,119)	3 172	2 355
(16,17)	293	180	(53,43)	326	155	(126,120)	97	96
(24,17)	161	64	(43,44)	11	30	(120,121)	97	96
(17,18)	421	217	(50,46)	1 703	1 230	(127,121)	550	1 087
(25,18)	1 107	566	(55,51)	1 741	2 463	(121,122)	219	715
(18,19)	1 402	684	(51,52)	1 446	1 938	(128,122)	103	100
(14,20)	86	37	(56,52)	85	392	(122,123)	262	768
(19,20)	1 166	512	(52,53)	1 354	2 114	(129,123)	95	74
(30,20)	311	299	(53,54)	1 028	1 960	(123,124)	357	841
(20,21)	1 460	732	(50,55)	2 497	2 970	(130,124)	183	489
(31,21)	26	347	(51,56)	85	392	(70,126)	23	46
(21,22)	1 474	1 035	(13,69)	3 172	2 240	(132,126)	163	163
(32,22)	1 274	784	(70,69)	4	115	(126,127)	88	114
(27,23)	461	262	(71,70)	23	161	(133,127)	559	1 075
(23,24)	169	82	(54,71)	1 028	1 960	(127,128)	97	101

续表

路段编号	静态分配	动态分配	路段编号	静态分配	动态分配	路段编号	静态分配	动态分配
(28,24)	441	246	(90,84)	4 200	4 200	(134,128)	81	76
(24,25)	449	264	(93,89)	3 421	2 475	(128,129)	75	78
(29,25)	659	302	(89,90)	3 421	2 475	(135,129)	90	47
(37,27)	1 039	730	(95,90)	779	1 725	(129,130)	71	51
(27,28)	578	468	(94,93)	3 421	2 475	(136,130)	112	438
(38,28)	362	272	(98,94)	3 601	2 823	(71,132)	1 005	1 799
(28,29)	500	494	(94,95)	180	347	(132,133)	842	1 636
(39,29)	505	441	(110,95)	599	1 377	(133,134)	283	561
(29,30)	345	633	(100,97)	857	597	(134,135)	202	485
(41,30)	46	156	(97,98)	857	597	(135,136)	112	438
(30,31)	80	490						

（3）疏散策略选择

6.2.2 节中已验证策略选择中的禁忌算法（TA）的性能，此处不再深入讨论。多模式疏散可行和优化交通组织策略见附录 B。本节仅选取了单疏散起点和单疏散终点，选取可行交通组织策略作为第一次迭代的当前方案，禁忌长度为 8，每次迭代邻域映长度为 8，映射次数设定为 2，禁忌算法的预定迭代次数为 300 次，对疏散策略选择模型运行 30 次，平均运算持续时间为 1.78 s。需要注意的是，这里的从疏散起点到疏散终点的私家车需求为 50 000 辆。基于以上分析，疏散策略选择模型中 TA 是有效的，从 30 次运行中选取最好的迭代过程（迭代次数和当前迭代最优解的关系）如图 6.12 所示。

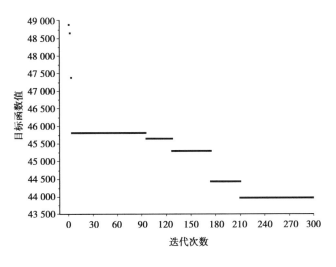

图 6.12　算法收敛图

6.3.3　疏散方案评价

由于在疏散方案中的公交路径选择算法比常态方案中的简单,而且方案评价内容相似,因此,本节只对多模式疏散交通分配和策略选择两部分内容进行分析。

（1）多模式疏散交通分配

为了更好地分析不同参数的灵敏性,在这一部分展示了 4 个参数改变时平均疏散时间和收敛迭代次数的变化趋势,如图 6.13 所示,4 个参数包括小时段的时间间隔 a_Δ、从起点到终点的私家车疏散需求 d_{od}^{car}、出发时间偏好调整参数 θ_2、路径选择偏好调整参数 θ_3。

1）小时段的时间间隔

为了更好地分析小时段时间间隔 a_Δ 的灵敏性,提取预设时段 $[a_0,a_1]$ 时长（$a_1-a_0=60$ min）的素数作为小时段的时间间隔作为横坐标值,即 $a_\Delta=1$、2、3、5、6、10、12、15、20 和 30 min。图 6.13（a）表明平均疏散时间与小时段时间间隔成反比,收敛迭代次数与小时段时间间隔成正比。

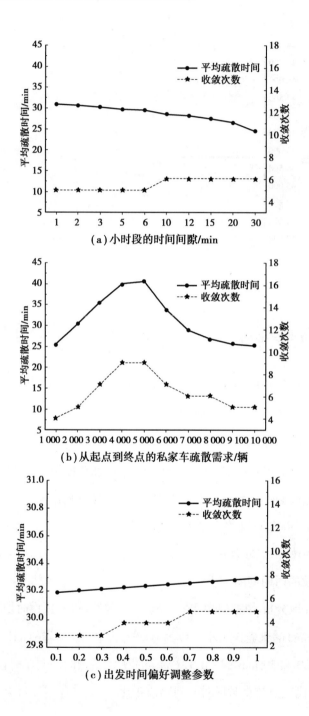

（a）小时段的时间间隙/min

（b）从起点到终点的私家车疏散需求/辆

（c）出发时间偏好调整参数

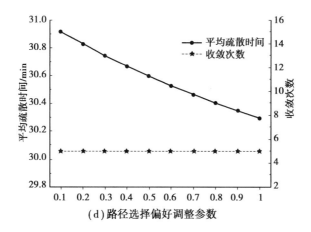

图 6.13　平均疏散时间和收敛迭代次数的变化趋势

2）从起点到终点的私家车疏散需求

为了更好地对这个参数进行灵敏度分析,这里把从起点到终点的私家车疏散需求的变化范围定为 1 000 ~ 10 000 辆车。从图 6.13(b)可知,在[1 000, 5 000]的需求范围内,平均疏散时间的值与私家车疏散需求成正例;在[5 000, 10 000]的需求范围内,平均疏散时间的值与私家车疏散需求成反例;在[1 000, 5 000]的需求范围内,收敛迭代次数与私家车疏散需求成正例;在[5 000, 10 000]的需求范围内,收敛迭代次数与私家车疏散需求成反例。

3）出发时间偏好调整参数

为了更好地对出发时间偏好调整参数进行灵敏度分析,出发时间偏好调整参数的范围定为[0.1,1],间隔为 0.1。图 6.13(c)表明平均疏散时间和收敛迭代次数都与出发时间偏好调整参数成正比。

4）路径选择偏好调整参数

在调整参数灵敏度分析中,路径选择偏好调整参数的设定方法与出发时间偏好调整参数的设定方法相同。从图 6.13(d)可知,平均疏散时间和路径选择偏好调整参数成反比,路径选择偏好调整参数在变化时收敛迭代次数的值不变。

（2）多模式策略选择

1）优化前后方案结果分析

多模式疏散交通网络优化前和优化后设计方案的相关指标对比见表6.11。与优化前方案对比，在公共交通疏散中，相同车队规模疏散下，优化后方案的公交车辆疏散总时间和疏散持续时间同时减少；在私家车交通疏散中，优化后方案的私家车交通疏散总时间和疏散持续时间与优化前方案相同。基于以上分析，结合模型优化目标，可以得到评价结论：多模式疏散交通网络优化设计方案优于原有（优化前）设计方案，进而表明了基于低行动力人群出行需求的多模式疏散交通网络优化设计模型的可行性和多模式疏散交通组织策略的实用性。

表6.11　优化前后方案指标对比

指标	模式	优化前方案	优化后方案
疏散持续时间	公共交通	8.99	9.85
	私家车	9.26	8.18
	多模式交通	9.26	9.85
总的疏散时间	公共交通	698.66	649.09
	私家车	22 763.55	13 183.89
平均疏散时间	公共交通	5.59	5.19
	私家车	27.32	15.82
出行损失时间	背景交通	0	2 099.61
目标函数值		64 524.06	43 966.05

2）权重系数灵敏性分析

结合本书重点研究对象是公共交通疏散，这里需要重点讨论权重参数 W_1^{eva}、W_2^{eva} 和 W_3^{eva} 的灵敏性，它们分别反映了公共交通网络疏散评价值、私家车交通网络评价值和背景交通持续损失评价值。

与常态策略选择相似，这里也提出3种不同权重配比：①倾向公共交通疏散的权重配比(也是优化后方案),参数 W_1^{eva}、W_2^{eva} 和 W_3^{eva} 的值见表 6.9;②倾向私家车疏散的权重配比,参数 W_1^{eva}、W_2^{eva} 和 W_3^{eva} 的值分别为 0.5,0.3 和 0.2;③对公共交通和私家车疏散倾向性相等的权重配比,参数 W_1^{eva}、W_2^{eva} 和 W_3^{eva} 的值都为 1/3。对应的这 3 种权重配比的指标结果在表 6.12 中分别为优化后方案、偏向私家车方案和公平方案。从表 6.12 中可知,偏向私家车方案中私家车平均疏散时间大于优化后方案中的平均疏散时间,小于公平方案中的平均疏散时间;优化后方案中的背景交通出行损失时间最小,偏向私家车方案中的背景交通出行损失时间最大,公平方案中的背景交通出行损失时间居中。

表 6.12 3 种权重比的设计方案指标对比

指标	模式	优化后方案	倾向私家车方案	公平方案
疏散持续时间	公共交通	9.85	9.85	9.85
	私家车	8.18	7.73	8.12
	多模式交通	9.85	9.85	9.85
总的疏散时间	公共交通	649.09	649.09	649.09
	私家车	13 183.89	13 640.31	13 723.17
平均疏散时间	公共交通	5.19	5.19	5.19
	私家车	15.82	16.37	16.47
出行损失时间	背景交通	2 099.61	2 417.96	2 162.56
目标函数值		64 524.06	39 601.08	46 397

3) 策略选择演化分析

本部分展示了疏散策略选择的演化分析过程,包括优化前方案、可行方案(疏散策略制订根据表 3.2 所得)、优化后方案。3 个设计方案的指标对比见表 6.13,目标函数最好的为优化后方案,其次是可行方案,最后是优化前方案。

表 6.13　演化过程中的设计方案指标对比

指标	模式	优化前方案	可行方案	优化后方案
	公共交通	8.99	9.85	9.85
疏散持续时间	私家车	9.26	12.43	8.18
	多模式交通	9.26	12.43	9.85
总的疏散时间	公共交通	698.66	649.09	649.09
	私家车	22 763.55	13 604.08	13 183.89
平均疏散时间	公共交通	5.59	5.19	5.19
	私家车	27.32	16.32	15.82
出行损失时间	背景交通	0	993.77	2 099.61
目标函数值		64 524.06	58 171.12	43 966.05

①从优化前方案到可行方案。可行方案中增加的疏散交通组织策略见表 6.14。从表 6.13 的数据可知,由于在可行方案中实施了一些疏散交通组织策略,会产生一些措施的准备时间,因此可行方案中公共交通和私家车的疏散持续时间都变长。由于疏散交通组织策略实施后速度会增加,因此可行方案中公共交通和私家车的平均疏散时间和总的疏散时间都变短。由于疏散交通组织策略实施会造成背景交通的清除,因此可行方案中背景交通的出行损失时间从 0 变化到 993.77 h。

表 6.14　疏散策略演化过程

路径编号		1				2				3				4				5		
车道编号	1	2	3	4	5	6	7	8	9	10	11	12	13	14	15	16	17	18	19	20
可行策略	H		F	I			I	I			I	I			I	I			I	I
优化后策略	H	J	F	I			I	I		J	I	I	J	J	I	I	J	J	I	I

②从可行方案到优化后方案。相对于可行方案,表 6.14 中显示优化后方案中在车道 2、10、13、14、17 和 18 上实施了疏散策略 J。从表 6.13 的数据可知,在可行方案和优化后方案中,公共交通的疏散持续时间和总的疏散时间是相等的。由于疏散策略 J 的实施,与可行方案相比,优化后方案中私家车的疏散持续时间和平均疏散时间都变小,背景交通的出行损失时间从 993.77 h 增加到了 2 099.61 h。

6.4　本章小结

本章分别进行了常态下和疏散条件下多模式交通网络优化设计案例分析,验证了本书建议模型中相关算法的有效性,同时对多模式常态和疏散交通网络优化设计方案进行了评价,从而检验了多模式交通网络优化设计模型的可行性和多模式交通组织策略的实用性。

第 7 章　结论与展望

7.1　主要研究成果

本书为作者博士论文《面向低行动力人群多模式交通网络优化设计》的延伸和细化,受到山西省基础研究计划(自由探索类)青年项目(20210302124455)的资助,对基于低行动力人群出行需求的多模式交通网络优化设计问题展开了相关研究,主要成果总结如下。

(1)低行动力人群出行需求分析

首先,在温岭市进行大规模居民出行调查和残疾人出行补充调查获取了低行动人群和普通大众的出行需求数据;其次,研究了不同群组的出行特性(社会经济、出行目的、出行方式、出行频率和平均出行时间)和公交可达性,并进行了低行动力子群(包括老年人、残疾人和低收入人群)之间、低行动力人群和普通大众之间、本书和Jansuwan 等(2013)研究的低行动力人群之间出行需求分析结果的对比;最后,为了更好地了解我国低行动力人群出行特征和出行中存在的诸多问题,对以上研究内容进行总结性讨论。

(2)多模式交通组织策略设计

以低行动力人群出行需求分析结果为理论依据,在对现有非个体机动交通组织策略分析的基础上,提出了面向老年和残疾人群的步行交通组织策略、面向低收入人群的非机动车交通组织策略、面向老年和残疾人群公共交通组织策略、面向低收入人群公共交通组织策略设计和面向低行动力人群的公共交通组织策略,并确定了不同常态交通组织策略的初步适用条件及实施效应。以低行动力人群出行需求分析结果为引导,结合现有疏散交通组织策略,提出了考虑背景交通的公交导向多模式疏散交通组织策略,同样确定了不同疏散交通组织策略的初步适用条件及实施效应。

（3）常态下多模式交通网络设计

为了改善低行动力人群交通出行环境和实现多模式常态交通组织策略设计的应用,构建了基于低行动力人群出行需求的多模式常态交通网络优化设计模型。首先介绍了该模型的实施步骤和求解过程;然后介绍了该模型中涉及的常态公交路径选择、随机用户静态平衡分配和疏散策略选择 3 个子模型。

在常态公交路径选择中,根据我国国情和研究需要,提出了一种混合启发式算法(蚁群算法和遗传算法)对公交网络进行优化设计。首先,输入现有公交线网方案为原有方案;其次,基于蚁群算法对原有方案中直达出行密度较小的公交线路进行大调优化(产生大规模配置变化);最后,基于遗传算法对大调后的公交线网进行配置上的微调和发车频率的优化,从而得到公交线网优化方案。

在随机用户静态平衡分配中,为了实现对常态下步行、非机动和私家车交通流的静态分配,首先,引用交通平衡理论和 Logit 模型,分析随机用户静态交通均衡条件;其次,根据低行动力人群出行需求分析和多模式常态交通组织策略设计结果,建立了考虑低行动力人群出行特性的多模式出行费用函数;最后,基于变分不等式理论,建立与随机用户静态交通均衡条件等价的变分不等式模型,并采用连续权重平均法(MSWA)对模型进行求解。

在常态策略选择中,在形成多模式常态可行交通组织策略的基础上,使用禁忌算法对其进行优化选择,从而得到多模式交通网络优化设计方案(优化略)。

（4）疏散条件下多模式交通网络设计

为了提高以低行动力人群疏散为主的公共交通的疏散效率,实现多模式疏散交通组织策略设计的应用,构建了基于低行动力人群出行需求的多模式疏散交通网络优化设计模型。首先介绍了该模型的实施步骤和求解过程;然后介绍了该模型中涉及的疏散公交路径选择、随机用户动态均衡分配和疏散策略选择3个子模型。

在疏散公交路径选择中,基于模型需要,采用蚁群算法对疏散公交路径进行优化,进而在快速路、主干路和次干路形成的道路网中搜索到最优公共交通疏散路径和驶回路径。

在随机用户动态均衡分配中,为了描述私家车疏散交通流的实时动态变化,首先,分析疏散条件下随机用户动态交通平衡条件;其次,根据动态交通流基础理论知识,从路径建模角度,研究动态交通分配的约束条件;最后,建立与随机用户动态交通平衡条件等价的变分不等式模型,并使用基于随机动态网络加载方法对模型进行求解。

在疏散策略选择模型中,研究成果与常态策略选择模型相似。

（5）案例分析

首先对调查区域道路网络现状进行了描述和一些假设,然后基于第4章和第5章建议的模型分别进行了常态和疏散条件下多模式交通网络优化设计的案例分析。

在常态案例中,在确定输入参数后,描述了常态公交路径选择、随机用户静态平衡分配和常态策略选择模型中相关算法的求解过程和求解结果,并验证了混合启发式算法、连续权重平均法和禁忌算法应用在模型中的有效性;基于对多模式常态交通网络优化设计方案的评价,检验了多模式常态交通网络优化设计模型的可行性和多模式常态交通组织策略的实用性。

在疏散案例中,在确定输入参数后,描述了疏散公交路径选择、随机用户动态均衡分配和疏散策略选择模型中相关算法的求解过程和求解结果,并验证了蚁群算法和随机动态交通网络加载方法应用在模型中的有效性;基于对多模式疏散交通网络优化设计方案的评价,检验了多模式疏散交通网络优化设计模型的可行性和多模式疏散交通组织策略的实用性。

7.2 主要创新点

本书主要创新点展示如下所述。

（1）提出了低行动力人群出行需求分析方法

针对我国对低行动力人群出行需求分析的研究不足,本书提出了基于3个层面对比的低行动力人群出行需求分析方法,即不同低行动力子群(老年人、残疾人和低收入人群)之间、低行动力人群和普通大众之间、我国和其他国家低行动力人群之间。这种分析方法为其他国家(尤其是发展中国家)对低行动力人群出行行为有兴趣的研究学者提供了重要参考依据。

（2）建立了基于低行动力人群出行需求的多模式常态交通网络优化设计模型

针对现有多模式常态网络设计中未体现出对非个体机动交通系统的重视,本书首先以低行动力人群出行需求分析结果为支撑,为了实现低行动力人群在常态非个体机动交通系统中的路权保障,设计了面向低行动力人群的步行、非机动车和公共交通组织策略;然后以其为建模导向,构建了同时考虑3种博弈竞争关系(第一种:在多模式交通中,步行、非机动车和机动车道占有空间之间存在的博弈关系,任何一种模式的网络设计都可能会影响其他模式的网络设计;第二种:在机动车交通中,存在公共交通和私家车路权分配之间存在的博弈关系;第三种:在非个体机动交通系统中,低行动力人群和普通大众的出行选择权之间存在的博弈关系)的多模式常态交通网络优化设计模型。

（3）改进了现有公交导向下多模式疏散交通网络优化设计模型

现有多模式疏散网络设计中缺乏对背景交通量的考虑,仅适用于大型灾害条件下的疏散过程(背景车辆会转化为疏散车辆),为了实现低行动力人群在公共交通疏散网络中的路权保障,本书首先在对现有公交导向疏散交通组织策略分析的基础上,提出了考虑背景交通的公交导向多模式疏散交通组织策略;然后以其为建模导向,构建了基于低行动力人群出行需求的多模式疏散交通网络优化设计模型,即在考虑背景交通的情况下,以优先提高低行动力人群为主的公共交通网络疏散效率,然后优化以高行动力人群为主的私家车疏散路径。

7.3　研究展望

本书对基于低行动力人群出行需求的多模式交通网络优化设计问题进行了研究,其成果对多模式交通规划理论研究有一定的借鉴作用,也对交通预案制订和规划组织工作有一定的实际意义。本书涉及出行需求分析、多模式常态和疏散交通组织策略设计、多模式常态和疏散交通网络设计以及相关模型与算法的研究,由于已有调查数据和作者时间所限,尚需要进行以下 3 个方面的深入研究。

（1）模型拓展

基于调查的居民出行数据,模型不需要考虑不同交通模式之间的换乘。这与居民日常出行状况不符,有必要收集相关出行数据并进行基于低行动力人群出行需求的多模式组合出行交通网络优化设计方面研究。

（2）参数输入

一些参数借鉴了其他相关研究,一些参数根据模型需要设定,仅部分参数基于实际情况进行设定,这存在一定的工程应用局限性,有必要对参数进行基于实际情况的设定。

（3）实测数据

道路网现状数据调查不足,有必要通过大范围的实地调查,获取足够的实测数据,为模型实用性检验和相关算法有效性验证提供基础。

附　录

附录 A　信号灯控制路段红绿灯时间配比

路段编号	红灯/绿灯/s	路段编号	红灯/绿灯/s	路段编号	红灯/绿灯/s
（10,7）	40/40	（56,51）	60/40	（161,159）	20/55
（8,9）	60/40	（52,56）	20/30	（162,188）	32/65
（9,10）	40/40	（56,52）	60/40	（118,175）	40/40
（10,9）	60/40	（56,58）	40/40	（175,118）	55/25
（12,13）	60/40	（58,56）	20/30	（174,173）	40/20
（9,18）	40/60	（75,58）	40/40	（174,175）	40/40
（18,9）	40/60	（66,63）	70/40	（176,175）	40/40
（10,14）	40/40	（67,64）	70/40	（130,124）	60/40
（14,10）	40/40	（67,65）	70/50	（130,136）	40/40
（15,16）	40/20	（75,155）	70/20	（142,136）	40/40
（17,16）	20/40	（75,76）	70/40	（149,153）	40/20
（17,18）	60/40	（77,76）	70/45	（160,159）	45/20
（19,18）	60/40	（62,63）	40/60	（187,160）	48/20
（19,20）	40/40	（63,64）	40/60	（182,181）	50/35

续表

路段编号	红灯/绿灯/s	路段编号	红灯/绿灯/s	路段编号	红灯/绿灯/s
(21,20)	40/40	(64,63)	40/60	(182,183)	45/65
(21,22)	60/40	(64,65)	50/40	(183,184)	45/65
(23,16)	40/40	(65,64)	40/60	(185,186)	30/55
(25,18)	40/60	(65,76)	35/60	(186,187)	40/70
(23,27)	40/40	(76,65)	40/50	(187,186)	30/55
(25,29)	60/40	(76,155)	20/60	(187,188)	25/55
(20,30)	40/40	(155,76)	40/65	(188,187)	40/70
(30,20)	40/40	(156,155)	20/60	(226,188)	30/55
(26,27)	40/40	(157,158)	60/65	(227,228)	30/60
(28,27)	40/40	(120,121)	60/60	(228,258)	35/65
(28,29)	60/40	(120,119)	50/30	(258,228)	30/60
(29,30)	40/40	(69,119)	30/40	(230,232)	60/70
(30,29)	60/40	(69,13)	20/40	(236,232)	60/70
(31,30)	40/40	(13,22)	20/45	(236,237)	20/45
(31,32)	60/30	(22,13)	20/40	(238,237)	20/45
(26,36)	60/15	(22,32)	27/45	(239,247)	40/65
(27,37)	60/40	(32,22)	20/45	(252,247)	40/65
(37,27)	40/40	(32,43)	35/50	(256,258)	65/35
(29,39)	75/65	(43,32)	27/45	(189,181)	35/55
(39,29)	40/60	(43,53)	60/60	(197,189)	60/60
(30,41)	60/40	(53,43)	35/50	(197,231)	30/50
(41,30)	40/40	(53,59)	25/45	(231,197)	60/60
(35,36)	30/60	(59,53)	60/60	(231,232)	70/60
(36,37)	40/60	(74,59)	40/60	(232,231)	30/50

路段编号	红灯/绿灯/s	路段编号	红灯/绿灯/s	路段编号	红灯/绿灯/s
(37,36)	30/60	(150,151)	65/60	(232,233)	70/60
(38,37)	40/60	(54,53)	60/60	(196,197)	60/60
(38,39)	65/75	(132,133)	60/60	(197,201)	30/50
(39,40)	20/60	(44,32)	50/25	(201,197)	60/60
(40,39)	65/75	(44,43)	55/30	(201,204)	40/60
(40,41)	40/60	(60,59)	60/40	(204,201)	30/50
(41,40)	20/60	(106,119)	20/45	(207,204)	40/60
(42,41)	40/60	(93,94)	15/40	(210,212)	30/50
(42,43)	60/40	(98,94)	15/40	(212,225)	40/60
(4549)	60/40	(107,121)	60/60	(225,212)	30/50
(46,37)	60/40	(94,95)	40/40	(225,228)	30/55
(46,50)	60/40	(95,94)	40/15	(228,225)	40/60
(39,55)	65/65	(96,95)	40/40	(199,183)	67/40
(55,39)	65/65	(90,95)	40/40	(203,204)	60/40
(40,51)	65/20	(95,110)	29/38	(205,204)	60/40
(51,40)	60/20	(110,95)	40/40	(206,244)	40/40
(41,52)	60/40	(110,124)	58/40	(244,245)	40/40
(52,41)	60/40	(124,110)	29/38	(245,244)	40/40
(48,49)	40/55	(113,110)	38/29	(246,245)	40/40
(49,50)	40/55	(109,110)	35/25	(246,247)	65/40
(50,49)	40/55	(115,118)	50/25	(248,247)	65/40
(50,55)	70/70	(122,121)	60/60	(216,187)	65/40
(55,50)	40/55	(123,124)	40/60	(224,225)	60/40
(55,51)	40/60	(125,124)	40/60	(250,225)	60/40

续表

路段编号	红灯/绿灯/s	路段编号	红灯/绿灯/s	路段编号	红灯/绿灯/s
(51,55)	70/70	(125,118)	30/50	(250,245)	40/40
(51,52)	40/60	(118,173)	15/10	(245,242)	40/40
(52,51)	40/60	(173,118)	30/50	(242,245)	40/40
(52,53)	60/60	(173,181)	35/50	(242,237)	50/20
(53,52)	40/60	(181,173)	15/30	(237,242)	40/40
(49,63)	75/40	(127,121)	60/60	(201,202)	52/60
(63,49)	60/40	(127,133)	60/60	(202,241)	40/40
(50,64)	75/40	(144,151)	60/60	(241,242)	40/40
(64,50)	60/40	(151,158)	70/62	(242,241)	40/40
(55,57)	20/45	(158,151)	60/60	(243,242)	40/40
(57,55)	65/65	(165,158)	70/62	(254,212)	50/28
(57,65)	70/50	(134,133)	60/60	(249,244)	40/40
(65,57)	20/45	(135,136)	35/35	(244,241)	40/40
(57,58)	40/40	(152,151)	60/60	(241,244)	40/40
(58,57)	50/20	(152,153)	20/40	(235,241)	40/40
(58,59)	60/40	(154,153)	20/40	(235,231)	50/30
(59,58)	40/40	(154,186)	30/60	(200,201)	50/30
(51,56)	30/20	(158,159)	20/55	(211,212)	55/30

附录 B　多模式常态交通网络可行和优化后策略

LMIs 多模式交通网络的局部演化结果

公交线路编号	已满足变量				可行策略	优化后策略	偏向普通大众策略	公平策略
1	u_n^{LI}	0.70	r_n	1.2	D	D	无	无
2	u_n^{OA+DI}	0.54	r_n	1.08	C	C	无	无
3	u_n^{OA+DI}	0.58	r_n	1.05	C	No	无	无
7	u_n^{LI}	0.62	r_n	1.91	D	D	无	无
10	u_n^{LI}	0.72	r_n	0.87	D	D	无	无
11	u_n^{OA+DI}	0.59	r_n	1.27	C	C	无	无
13	u_n^{LI}	0.61	r_n	0.86	D	D	无	无
路段编号	已满足变量				可行策略	优化后策略	偏向普通大众策略	公平策略
(1,2)	$u_{l,OA+DI}^{wal}$	0.28	r_l^{wal}	0.48	A	无	A	A
(2,1)	$u_{l,OA+DI}^{wal}$	0.25	r_l^{wal}	0.48	A	无	A	A
(2,3)	$u_{l,OA+DI}^{wal}$	0.26	r_l^{wal}	0.47	A	无	A	A
(3,2)	$u_{l,OA+DI}^{wal}$	0.25	r_l^{wal}	0.48	A	无	A	A
(3,4)	$u_{l,OA+DI}^{wal}$	0.26	r_l^{wal}	0.47	A	无	A	A
(4,3)	$u_{l,OA+DI}^{wal}$	0.25	r_l^{wal}	0.48	A	无	A	A
(11,12)	$u_{l,OA+DI}^{wal}$	0.34	r_l^{wal}	0.36	A	A	A	A
(11,14)	$u_{l,OA+DI}^{wal}$	0.33	r_l^{wal}	0.77	A	A	A	A
(12,11)	$u_{l,OA+DI}^{wal}$	0.35	r_l^{wal}	0.36	A	A	A	A

续表

公交线路编号	已满足变量				可行策略	优化后策略	偏向普通大众策略	公平策略
(14,11)	$u_{l,\mathrm{OA+DI}}^{\mathrm{wal}}$	0.31	r_l^{wal}	0.76	A	A	A	A
(14,19)	$u_{l,\mathrm{OA+DI}}^{\mathrm{wal}}$	0.38	r_l^{wal}	0.95	A	A	A	A
(18,19)	$u_{l,\mathrm{OA+DI}}^{\mathrm{wal}}$	0.37	r_l^{wal}	0.37	A	A	A	A
(19,14)	$u_{l,\mathrm{OA+DI}}^{\mathrm{wal}}$	0.37	r_l^{wal}	0.98	A	A	A	A
(19,18)	$u_{l,\mathrm{OA+DI}}^{\mathrm{wal}}$	0.38	r_l^{wal}	0.36	A	A	A	A
(21,31)	$u_{l,\mathrm{OA+DI}}^{\mathrm{wal}}$	0.26	r_l^{wal}	0.64	A	A	A	A
(32,44)	$u_{l,\mathrm{OA+DI}}^{\mathrm{wal}}$	0.41	r_l^{wal}	0.70	A	A	A	A
(44,32)	$u_{l,\mathrm{OA+DI}}^{\mathrm{wal}}$	0.40	r_l^{wal}	0.70	A	A	A	A
(44,54)	$u_{l,\mathrm{OA+DI}}^{\mathrm{wal}}$	0.46	r_l^{wal}	0.59	A	A	A	A
(51,55)	$u_{l,\mathrm{OA+DI}}^{\mathrm{wal}}$	0.35	r_l^{wal}	0.36	A	A	A	A
(54,44)	$u_{l,\mathrm{OA+DI}}^{\mathrm{wal}}$	0.45	r_l^{wal}	0.59	A	A	A	A
(55,51)	$u_{l,\mathrm{OA+DI}}^{\mathrm{wal}}$	0.34	r_l^{wal}	0.37	A	A	A	A
(68,69)	$u_{l,\mathrm{OA+DI}}^{\mathrm{wal}}$	0.33	r_l^{wal}	0.43	A	无	A	A
(69,68)	$u_{l,\mathrm{OA+DI}}^{\mathrm{wal}}$	0.33	r_l^{wal}	0.43	A	无	A	A
(81,82)	$u_{l,\mathrm{OA+DI}}^{\mathrm{wal}}$	0.67	r_l^{wal}	0.30	A	A	A	A
(82,81)	$u_{l,\mathrm{OA+DI}}^{\mathrm{wal}}$	0.67	r_l^{wal}	0.30	A	A	A	A
(148,152)	$u_{l,\mathrm{OA+DI}}^{\mathrm{wal}}$	0.44	r_l^{wal}	0.31	A	无	A	A
(152,148)	$u_{l,\mathrm{OA+DI}}^{\mathrm{wal}}$	0.45	r_l^{wal}	0.31	A	无	A	A
(156,157)	$u_{l,\mathrm{OA+DI}}^{\mathrm{wal}}$	0.41	r_l^{wal}	0.31	A	无	A	A
(157,156)	$u_{l,\mathrm{OA+DI}}^{\mathrm{wal}}$	0.40	r_l^{wal}	0.31	A	无	A	A
(157,158)	$u_{l,\mathrm{OA+DI}}^{\mathrm{wal}}$	0.44	r_l^{wal}	0.32	A	无	A	A

公交线路编号	已满足变量				可行策略	优化后策略	偏向普通大众策略	公平策略
(158,157)	$u_{l,\text{OA+DI}}^{\text{wal}}$	0.42	r_l^{wal}	0.32	A	无	A	A
(186,185)	$u_{l,\text{OA+DI}}^{\text{wal}}$	0.60	r_l^{wal}	0.31	A	A	A	A
(238,239)	$u_{l,\text{OA+DI}}^{\text{wal}}$	0.40	r_l^{wal}	0.37	A	无	A	A
(239,238)	$u_{l,\text{OA+DI}}^{\text{wal}}$	0.39	r_l^{wal}	0.37	A	无	A	A
(239,247)	$u_{l,\text{OA+DI}}^{\text{wal}}$	0.45	r_l^{wal}	0.35	A	A	A	A
(247,239)	$u_{l,\text{OA+DI}}^{\text{wal}}$	0.44	r_l^{wal}	0.36	A	无	A	A
(65,76)	$u_{l,\text{LI}}^{\text{bik}}$	0.61	r_l^{bik}	0.78	B	B	B	B
(71,72)	$u_{l,\text{LI}}^{\text{bik}}$	0.61	r_l^{bik}	1.26	B	无	B	B
(73,72)	$u_{l,\text{LI}}^{\text{bik}}$	0.63	r_l^{bik}	0.73	B	无	B	无
(75,76)	$u_{l,\text{LI}}^{\text{bik}}$	0.67	r_l^{bik}	1.61	B	无	B	B
(76,65)	$u_{l,\text{LI}}^{\text{bik}}$	0.62	r_l^{bik}	0.77	B	B	B	B
(76,75)	$u_{l,\text{LI}}^{\text{bik}}$	0.66	r_l^{bik}	1.66	B	无	B	B
(77,79)	$u_{l,\text{LI}}^{\text{bik}}$	0.82	r_l^{bik}	1.39	B	无	B	B
(79,77)	$u_{l,\text{LI}}^{\text{bik}}$	0.82	r_l^{bik}	1.42	B	B	B	B
(79,80)	$u_{l,\text{LI}}^{\text{bik}}$	0.81	r_l^{bik}	1.34	B	无	B	B
(80,79)	$u_{l,\text{LI}}^{\text{bik}}$	0.82	r_l^{bik}	1.37	B	无	B	B
(80,163)	$u_{l,\text{LI}}^{\text{bik}}$	0.86	r_l^{bik}	0.78	B	无	B	B
(81,82)	$u_{l,\text{LI}}^{\text{bik}}$	0.73	r_l^{bik}	2.05	B	B	B	B
(82,81)	$u_{l,\text{LI}}^{\text{bik}}$	0.73	r_l^{bik}	1.96	B	B	B	B
(82,87)	$u_{l,\text{LI}}^{\text{bik}}$	0.71	r_l^{bik}	0.77	B	B	B	B
(87,82)	$u_{l,\text{LI}}^{\text{bik}}$	0.72	r_l^{bik}	0.74	B	B	B	B

续表

公交线路编号	已满足变量				可行策略	优化后策略	偏向普通大众策略	公平策略
(87,88)	$u_{l,\text{LI}}^{\text{bik}}$	0.73	r_l^{bik}	1.36	B	无	B	B
(88,87)	$u_{l,\text{LI}}^{\text{bik}}$	0.72	r_l^{bik}	1.38	B	无	B	B
(89,90)	$u_{l,\text{LI}}^{\text{bik}}$	0.74	r_l^{bik}	1.70	B	B	B	B
(90,89)	$u_{l,\text{LI}}^{\text{bik}}$	0.79	r_l^{bik}	1.58	B	B	B	B
(90,91)	$u_{l,\text{LI}}^{\text{bik}}$	0.92	r_l^{bik}	1.05	B	无	B	B
(91,90)	$u_{l,\text{LI}}^{\text{bik}}$	0.96	r_l^{bik}	1.04	B	无	B	B
(109,110)	$u_{l,\text{LI}}^{\text{bik}}$	0.63	r_l^{bik}	0.75	B	无	B	无
(110,109)	$u_{l,\text{LI}}^{\text{bik}}$	0.64	r_l^{bik}	0.72	B	无	B	无
(122,109)	$u_{l,\text{LI}}^{\text{bik}}$	0.62	r_l^{bik}	0.70	B	无	无	无
(131,125)	$u_{l,\text{LI}}^{\text{bik}}$	0.63	r_l^{bik}	0.73	B	无	B	无
(138,72)	$u_{l,\text{LI}}^{\text{bik}}$	0.64	r_l^{bik}	0.74	B	无	B	无
(144,143)	$u_{l,\text{LI}}^{\text{bik}}$	0.60	r_l^{bik}	0.96	B	无	B	无
(144,145)	$u_{l,\text{LI}}^{\text{bik}}$	0.64	r_l^{bik}	0.75	B	无	B	无
(145,144)	$u_{l,\text{LI}}^{\text{bik}}$	0.64	r_l^{bik}	0.76	B	无	B	无
(145,146)	$u_{l,\text{LI}}^{\text{bik}}$	0.65	r_l^{bik}	0.79	B	无	B	无
(146,145)	$u_{l,\text{LI}}^{\text{bik}}$	0.65	r_l^{bik}	0.80	B	无	B	无
(163,80)	$u_{l,\text{LI}}^{\text{bik}}$	0.84	r_l^{bik}	0.78	B	无	B	无
(250,251)	$u_{l,\text{LI}}^{\text{bik}}$	0.82	r_l^{bik}	0.71	B	无	B	无
(251,255)	$u_{l,\text{LI}}^{\text{bik}}$	0.79	r_l^{bik}	0.73	B	无	B	无
(255,251)	$u_{l,\text{LI}}^{\text{bik}}$	0.76	r_l^{bik}	0.82	B	无	B	无
(30,31)	q_l^{bus}	32	r_l^{car}	0.57	E	E	E	E

公交线路 编号	已满足变量				可行 策略	优化 后策略	偏向普通 大众策略	公平 策略
(31,30)	q_l^{bus}	32	r_l^{car}	0.53	E	E	E	E
(31,32)	q_l^{bus}	32	r_l^{car}	0.55	E	E	E	E
(32,31)	q_l^{bus}	32	r_l^{car}	0.52	E	E	E	E
(32,44)	q_l^{bus}	12	r_l^{car}	0.54	E	E	E	E
(44,32)	q_l^{bus}	12	r_l^{car}	0.59	E	E	E	E
(44,54)	q_l^{bus}	12	r_l^{car}	0.60	E	E	E	E
(54,44)	q_l^{bus}	12	r_l^{car}	0.63	E	E	E	E
(69,70)	q_l^{bus}	20	r_l^{car}	0.58	E	E	E	E
(70,69)	q_l^{bus}	20	r_l^{car}	0.66	E	E	E	E
(74,150)	q_l^{bus}	13	r_l^{car}	0.52	E	无	E	无
(150,156)	q_l^{bus}	8	r_l^{car}	0.51	E	无	E	E
(151,152)	q_l^{bus}	9	r_l^{car}	0.51	E	无	E	无
(154,160)	q_l^{bus}	10	r_l^{car}	1.04	E	E	E	E
(160,154)	q_l^{bus}	10	r_l^{car}	0.84	E	E	E	E
(160,187)	q_l^{bus}	10	r_l^{car}	0.71	E	无	E	E
(187,160)	q_l^{bus}	10	r_l^{car}	0.63	E	无	E	E
(187,216)	q_l^{bus}	10	r_l^{car}	1.04	E	无	E	E
(216,187)	q_l^{bus}	10	r_l^{car}	1.05	E	无	E	E
(216,217)	q_l^{bus}	10	r_l^{car}	0.86	E	无	E	E
(217,216)	q_l^{bus}	10	r_l^{car}	0.88	E	无	E	E
(217,220)	q_l^{bus}	10	r_l^{car}	0.64	E	无	E	无
(219,220)	q_l^{bus}	10	r_l^{car}	0.66	E	无	E	无

参考文献

[1] JANSUWAN S,CHRISTENSEN K,CHEN A. Assessing the transportation Needs of Low-Mobility Individuals:Case Study of a Small Urban Community in Utah [J]. Journal of Urban Planning and Development,2013,139(2):104-114.

[2] ROSENBLOOM S. Transportation Needs of the Elderly Population[J]. Clinics in geriatric medicine,1993,9(2):297-310.

[3] ROSENBLOOM S. Sustainability and Automobility among the Elderly:An International Assessment[J]. Transportation,2001,28(4):375-408.

[4] FASTE T,MUENCHINGER K. Design Research Towards Viable Bus Use for an Aging Population[C].96th Annual Meeting of Transportation Research Board, Washington,D. C. ,2017.

[5] KOTVAL-K Z. Transit Accessibility for Older Adults in the Greater Lansing, Michigan Region [J]. Quality in Ageing and Older Adults, 2017, 18 (3): 175-187.

[6] BRYANTON O. Empowering Community Dwelling Women Age 85 and Older in Maintaining their Chosen Lifestyle [Z]. University of Prince Edward Island,2014.

[7] ALSNIH R,HENSHER D A. The Mobility and Accessibility Expectations of Seniors in an Aging Population[J]. Transportation Research Part A:Policy and

Practice,2003,37(10):903-916.

[8] PORTEGIJS E,TSAI L,RANTANEN T,et al. Moving through Life-Space Areas and Objectively Measured Physical Activity of Older People[J]. Plos One, 2015,10(8):e0135308.

[9] LOTFI S, KOOHSARI M J. Neighborhood Walkability in a City within a Developing Country[J]. Journal of Urban Planning and Development,2011,137 (4):402-408.

[10] PLAZINIĆ B R, JOVIĆ J. Mobility and Transport Potential of Elderly in Differently Accessible Rural Areas[J]. Journal of Transport Geography,2018, 68:169-180.

[11] THAITHATKUL P, CHALERMPONG S, LAOSINWATTANA W, et al. Mobility,Activities,and Happiness in Old Age:Case of the Elderly in Bangkok [J]. Case studies on transport policy,2022,10(2):1462-1471.

[12] 柴彦威,李昌霞.中国城市老年人日常购物行为的空间特征:以北京、深圳和上海为例[J].地理学报,2005,60(3):401-408.

[13] 张政.老年人出行行为特征及其分析方法研究[D].北京:北京交通大学,2009.

[14] 夏晓敬.老年人出行行为研究[D].北京:北京工业大学,2015.

[15] 王雨佳,何保红,郭淼,等.老年人日常家务活动出行模式及影响因素[J].交通运输研究,2018,4(2):7-15.

[16] 于珊珊,马孝俭,陆园,等.苏州市城区老年人日常活动出行特征研究[J].住宅与房地产,2018,(21):75-76,103.

[17] 姚恩建,闫峥,郇宁.考虑老年人出行行为的公交票价补贴政策研究[J].交通运输系统工程与信息,2019,19(6):13-19.

[18] 柳伍生,李旺,迭迁,等.基于IC卡数据的老年人公交出行行为[J].系统工程,2021,39(2):90-100.

[19] 陈亮,王静,李巧茹.考虑多因素影响的老年人公交出行决策研究[J].铁道科学与工程学报,2022,19(2):367-375.

[20] WASFI R,LEVINSON D M,EL-GENEIDY A M. Measuring the Transportation Needs of People with Developmental Disabilities[C]. 86th Annual Meeting of Transportation Research Board,Washington,D. C. ,2007.

[21] ROSSO A L,TAYLOR J A,TABB L P,et al. Mobility,Disability,and Social Engagement in Older Adults[J]. Journal of Aging and Health,2013,25(4): 617-637.

[22] FRIEDMAN C,RIZZOLO M C. The State of Transportation for People with Intellectual and Developmental Disabilities in Medicaid Home and Community-Based Services 1915(c)Waivers[J]. Journal of Disability Policy Studies, 2016,27(3):168-177.

[23] BASCOM G W,CHRISTENSEN K M. The Impacts of Limited Transportation Access on Persons with Disabilities' Social Participation[J]. Journal of Transport & Health,2017(7):227-234.

[24] BEZYAK J L,SABELLA S A,GATTIS R H. Public Transportation:An Investigation of Barriers for People with Disabilities[J]. Journal of Disability Policy Studies,2017,28(1):52-60.

[25] HENLY M,BRUCKER D L. Transportation Patterns Demonstrate Inequalities in Community Participation for Working-age Americans with Disabilities[J]. Transportation research part A:policy and practice,2019(130):93-106.

[26] PENFOLD C, CLEGHORN N, CREEGAN C, et al. Travel behaviour, experiences and aspirations of disabled people[R]. Report for Dept. of Transport,United Kingdom,2008.

[27] MAYNARD A. Can measuring the benefits of accessible transport enable a seamless journey[J]. Journal of Transport and Land Use,2009,2(2):21-30.

［28］MOGAJI E,NGUYEN N P. Transportation Satisfaction of Disabled passengers：Evidence from a Developing Country［J］. Transportation research part D：transport and environment,2021(98),102982.

［29］WEYRER T N, HOCHMAIR H H, PAULUS G. Intermodal Door-to-Door Routing for People with Physical Impairments in a Web-Based,Open-Source Platform［J］. Transportation Research Record,2014(2469):108-119.

［30］ASADI-SHEKARI Z, MOEINADDINI M, SHAH Z M. Disabled Pedestrian Level of Service Method for Evaluating and Promoting Inclusive Walking Facilities on Urban Streets［J］. Journal of Transportation Engineering,2013,139(2):181-192.

［31］GRISÉ E, BOISJOLY G, MAGUIRE M, et al. Elevating Access：Comparing Accessibility to Jobs by Public Transport for Individuals with and without a Physical Disability［J］. Transportation Research Part A：Policy and Practice,2019(125):280-293.

［32］熊志平.城市公共交通系统对残疾人适应性评价研究［D］.成都:西南交通大学,2009.

［33］傅如灿.福州市残疾人无障碍出行的障碍研究［D］.福州:福建师范大学,2013.

［34］蔡言.残疾人出行心理的研究综述与城市交通规划建议［C］∥规划60年:成就与挑战——2016中国城市规划年会论文集.沈阳:2016.

［35］黄凤娟.青岛:盲人乘公交出行将有导盲系统［J］.人民公交,2017(4):71.

［36］夏菁,王兴平,王乙喆.残疾人无障碍出行环境优化策略研究:以南京市为例［J］.残疾人发展理论研究,2017(1):176-188.

［37］王安琪,彭建东,任鹏,等.轨道站点周边建成环境对残疾人出行行为的影响研究:以武汉市189个轨道站点为例［J］.地理科学进展,2021,40(7):1127-1140.

[38] 张茫茫,傅江,刘洁,等.面向残障人群的城市公共交通出行服务研究[J]. 包装工程,2022,43(12):199-207.

[39] MALLETT W J. Long-Distance Travel by Low-income households[R]. Bureau of Transportation Statistics U. S. Department of Transportation,2001.

[40] BLUMENBERG E, ONG P. Cars, Buses, and Jobs: Welfare Recipients and Employment Access in Los Angeles[J]. Transportation Research Record,2001 (1756):22-31.

[41] BROWN D, STOMMES E S. Rural Governments Face Public Transportation Challenges and Opportunities[R]. Economic Research Service,2004.

[42] GIULIANO G. LowIncome, Public Transit and Mobility[J]. Transportation Research Record,2005(1927):63-70.

[43] FREEMAN P N. Ten Years of World Bank Action in Transport: Evaluation [J]. Journal of Infrastructure Systems,2009,15(4):297-304.

[44] SRINIVASAN S, ROGERS P. Travel Behavior of Low-Income Residents: Studying Two Contrasting Locations in the City of Chennai, India[J]. Journal of Transport Geography,2005,13(3):265-274.

[45] SALON D, GULYANI S. Mobility, Poverty, and Gender: Travel 'Choices' of Slum Residents in Nairobi, Kenya[J]. Transport Reviews, 2010, 30 (5): 641-657.

[46] CHIKARAISHI M,JANA A,BARDHAN R,et al. Time Use of the Urban Poor and Rural Poor on Activities and Travel in Gujarat, India: Similarities and Differences[J]. Asian Transport Studies,2016,4(1):19-36.

[47] COMBS T S. Examining Changes in Travel Patterns among Lower Wealth Households after BRT Investment in Bogotá,Colombia[J]. Journal of Transport Geography,2017(60):11-20.

[48] LUCAS K, PHILIPS I, MULLEY C, et al. Is Transport Poverty Socially or

Environmentally Driven? Comparing the Travel Behaviours of Two Low-income Populations Living in Central and Peripheral Locations in the Same City[J]. Transportation Research Part A：Policy and Practice，2018（116）：622-634.

[49] TORTOSA E V，LOVELACE R，HEINEN E，et al. Cycling Behaviour and Socioeconomic Disadvantage：An Investigation Based on the English National Travel Survey[J]. Transportation research part A：policy and practice，2021，（152）：173-185.

[50] 顾克东，杨涛，郭宏定，等.城市边缘区低收入人群通勤交通保障策略研究：以南京为例[J].江苏城市规划，2011（5）：25-28.

[51] 李蕾.大城市低收入人群出行感知成本研究[D].南京：东南大学，2014.

[52] 程龙.大城市低收入通勤者出行方式选择及改善对策评估[D].南京：东南大学，2016.

[53] CHENG L，CHEN X，YANG S，et al. Modeling Mode Choice of Low-Income Commuters with Sociodemographics，Activity attributes，and Latent Attitudinal Variables：Case Study in Fushun，China[J]. Transportation Research Record. 2016（2581）：27-36.

[54] 刘派诚.重庆主城低收入群体出行影响因素及解决对策[D].重庆：重庆大学，2017.

[55] 张弛，付相君.城市低收入人群出行选择模型研究综述[J].中国高新区，2018，（14）：36.

[56] 柳文燕，傅忠宁，李万慧，等.基于巢式 Logit 模型的低收入人群出行行为分析：以上海市智能手机调查数据为例[J].交通运输工程与信息学报，2020，18（3）：40-49.

[57] 罗吉，卢晓涵，彭阳.武汉市低收入人群职住通勤空间关系研究：基于微观主体调查的视角[J].城市问题，2021（9）：49-59.

[58] ABDELGHANY K，MAHMASSANI H. Dynamic Trip Assignment-Simulation

Model for Intermodal Transportation Networks[J]. Transportation Research Record,2001(1771):52-60.

[59] FLORIAN M,WU J H,HE S. A Multi-Class Multi-Mode Variable Demand Network Equilibrium Model with Hierarchical Logit Structures [M]. Transportation and network analysis: Current trends. Springer, Boston, MA,2002.

[60] GARCÍA R,MARÍN A. Parking Capacity and Pricing in Park'n Ride Trips:A Continuous Equilibrium Network Design Problem[J]. Annals of Operations Research,2002(116):153-178.

[61] GARCÍA R,MARÍN A. Network Equilibrium with Combined Modes:Models and Solution Algorithms[J]. Transportation Research Part B:Methodological, 2005(39):223-254.

[62] HO H K,YIP C W,WAM Q K. Modeling Transfer and Mon-Linear Fare Structure in Multi-Modal Network [J]. Transportation Research Part B: Methodological,2003,37:149-170.

[63] HO H K,YIP C W,WAM Q K. Modeling Competitive Multi-Modal Transit Services:A Nested Logit Approach [J]. Transportation Research Part C: Emerging Technologies,2004(12):251-272.

[64] LAM W H K,LI Z C,WONG S C,et al. Modeling an Elastic-Demand Bimodal Transport Network with Park-and-Ride Trips [J]. Tsinghua Science and Technology,2007,12(2):158-166.

[65] VERBAS İ Ö,MAHMASSANI H S,HYLAND M F,et al. Integrated Mode Choice and Dynamic Traveler Assignment in Multimodal Transit Networks: Mathematical Formulation,Solution Procedure,and Large-Scale Application[J]. Transportation Research Record,2016(2564):78-88.

[66] DI G M,POLIMENI A. A Model to Simulate Multimodality in a Mesoscopic

Dynamic Network Loading Framework[J]. Journal of Advanced Transportation, 2017:8436821.

[67] PINTO H K R F, HYLAND M F, MAHMASSANI H S, et al. Joint Design of Multimodal Transit Networks and Shared Autonomous Mobility Fleets[J]. Transportation Research Part C: Emerging Technologies, 2020(113):2-20.

[68] PATWARY A U Z, HUANG W, LO H K. Metamodel-based Calibration of Large-scale Multimodal Microscopic Traffic Simulation [J]. Transportation Research Part C: Emerging Technologies, 2021(124):102859.

[69] 李志纯, 黄海军. 弹性需求下的组合出行模型与求解算法[J]. 中国公路学报, 2005, 18(3):94-98.

[70] LIU T L, HUANG H J, YANG H, et al. Continuum Modeling of Park-and-ride Services in a Linear Monocentric City with Deterministic Mode Choice[J]. Transportation Research Part B: Methodological, 2009, 43(6):692-707.

[71] SI B, YAN X, SUN H, et al. Travel Demand-Based Assignment Model for Multimodal and Multiuser Transportation System [J]. Journal of Applied Mathematics, 2012:592104.

[72] 孟梦. 组合出行模式下城市交通流分配模型与算法[D]. 北京:北京交通大学, 2013.

[73] 韩凌辉. 多种交通网络条件下出行者的出行选择行为分析[D]. 北京:北京交通大学, 2014.

[74] 帅斌, 丁冬, 祝进城, 等. 限速条件下多模式交通均衡分配模型与算法[J]. 计算机应用研究, 2015, 32(7):1949-1952.

[75] 黄健. 含拼车的多模式交通网络配流模型及系统优化[D]. 南京:南京大学, 2016.

[76] 刘雪尘. 基于博弈论的多模式动态路径规划技术研究[D]. 长春:吉林大学, 2017.

[77] 于晓桦,晏克非,牟振华,等.基于多级网络的多模式交通配流研究[J].交通信息与安全,2018,36(1):103-110,128.

[78] 王炜,王建,华雪东,等.基于网络交通分配方法族谱的交通分配一体化技术与工程应用[J].交通运输系统工程与信息,2021,21(5):30-39.

[79] 徐光明,陈艳琴,韩春阳,等.基于摩托车禁行方案的多模式交通网络均衡分析[J].交通运输系统工程与信息,2022,22(1):243-255.

[80] XIE C, TURNQUIST M A. Integrated Evacuation Network Optimization and Emergency Vehicle Assignment[J]. Transportation Research Record, 2009, 2091:7990.

[81] NAGHAWI H, WOLSHON B. Transit-Based Emergency Evacuation Simulation Modeling[J]. Journal of Transportation Safety & Security, 2010, 2(2): 184-201.

[82] DI G M. Modeling Evacuation of a Transport System: Application of a Multimodal Mesoscopic Dynamic Traffic Assignment Model [J]. IEEE Transactions on Intelligent Transportation Systems, 2011, 12(4):1157-1166.

[83] VANLANDEGEN L D, CHEN X. Microsimulation of Large-scale Evacuations Utilizing Metrorail Transit[J]. Applied Geography, 2012, 32:787-797.

[84] GOERIGK M, DEGHDAK K, HEßLER P. A Comprehensive Evacuation Planning Model and Genetic Solution Algorithm[J]. Transportation research part E: logistics and transportation review, 2014(71):82-97.

[85] ALAM M D J, HABIB M A. A Dynamic Programming Optimization for Traffic Microsimulation Modelling of a Mass Evacuation[J]. Transportation research part D: transport and environment, 2021(97):102946.

[86] KABIR M, MOBIN J, NAYEEM M A, et al. Multi-objective Optimization and Heuristic Based Solutions for Evacuation Modeling [J]. Transportation Research Interdisciplinary Perspectives, 2023(18):100798.

［87］WANG J W,WANG H F,ZHANG W J,et al. Evacuation Planning Based on the Contraflow Technique With Consideration of Evacuation Priorities and Traffic Setup Time［J］. IEEE Transactions on Intelligent Transportation Systems,2013,14(1):480-485.

［88］华璟怡.公共交通导向的多模式疏散网络优化研究［D］.南京:东南大学,2014.

［89］HUA J,REN G,CHENG Y,et al. An Integrated Contraflow Strategy for Multimodal Evacuation ［J］. Mathematical Problems in Engineering, 2014:159473.

［90］HUANG Z,ZHENG P,MA Y,et al. Proactive Control for Oversaturation Mitigation on Evacuation Network:a Multi-agent Simulation Approach［J］. International Journal of Computational Intelligence Systems, 2016, 9 (6): 1055-1067.

［91］LU W,LIU L,WANG F,et al. Two-phase Optimization Model for Ride-sharing with Transfers in Short-notice Evacuations［J］. Transportation research part C: emerging technologies,2020,114:272-296.

［92］刘家林,贾斌,刘正,等.多模式疏散交通车队配置与车道分配协同优化研究［J］.交通运输系统工程与信息,2022,22(4):176-185.

［93］VAN OUDHEUSDEN D L,RANJITHAN S,SINGH K N. The Design of Bus Route Systems-An Interactive Lation Alocation Aproach［J］. Transportation, 1987,14(3):253-270.

［94］VAN NES R,HAMERSLAG R,IMMER B H. The Design of Public Transport Networks［J］. Transportation Research Record,1988(1202):74-83.

［95］CONSTANTIN I,FLORIAN M. Optimizing Frequencies in a Transit Network:A Nonlinear Bi-Level Programming Approach［J］. International Transactions in Operational Research,1995,2(2):149-164.

[96] RUSSO F. Transit frequencies design for enhancing the efficiency of public urban transportation systems：An optimization model and an algorithm［M］. International Symposium on Automotive Technology & Automation, Dusseldorf, Germany, 1998.

[97] FAN W, MACHEMEHL R. Using a simulated annealing agorithm to solve the transit route network design problem ［J］. Journal of Transportation Engineering, 2006, 132(2)：122-132.

[98] 刘晓禹,张洪强. 基于模拟退火算法的城市公交线路铺设分析[J]. 交通科技与经济,2010,12(5)：61-63.

[99] 陈少华. 基于模拟退火算法的公交车辆排班方法研究［D］. 北京：北京邮电大学,2018.

[100] 赖元文,张杰. 基于模拟退火-自适应布谷鸟算法的城市公交调度优化研究[J]. 交通运输系统工程与信息,2021,21(1)：183-189.

[101] CHIEN S, YANG Z, HOU E. Genetic Algorithm Approach for Transit Route Planning and Design［J］. Journal of Transportation Engineering, 2001, 127(3)：200-207.

[102] NGAMCHAI S, LOVELL D J. Optimal Time Transfer in Bus Transit Route Network Design Using a Genetic Algorithm ［J］. Journal of Transportation Engineering, 2003, 129(5)：510-521.

[103] FAN W, MACHEMEHL R. Optimal Transit Route Network Design Problem with Variable Transit Demand：A Genetic Algorithm Approach［J］. Journal of Transportation Engineering, 2006, 132(1)：40-51.

[104] NAYEEM M A, RAHMAN M K, RAHMAN M S. Transit Network Design by Genetic Algorithm with Elitism［J］. Transportation Research Part C：Emerging Technologies, 2014(46)：30-45.

[105] PTERNEA M, KEPAPTSOGLOU K, KARLAFTIS M G. Sustainable Urban

Transit Network Design［J］. Transportation Research Part A：Policy and Practice,2015(77):276-291.

［106］KOMIJAN K A,GHASEMI P,KHALILI-DAMGHANI K,et al. A New School Bus Routing Problem Considering Gender Separation,Special Students and Mix Loading:a Genetic Algorithm Approach［J］. Journal of Optimization in Industrial Engineering,2021,14(2):23-39.

［107］刘好德,杨晓光.基于改进遗传算法的公交线网优化设计研究［J］.计算机工程与应用,2007,43(8):10-14.

［108］SZETO W Y, WU Y. A Simultaneous Bus Route Design and Frequency Setting Problem for Tin Shui Wai, Hong Kong［J］. European Journal of Operational Research,2011,209(2):141-155.

［109］马雁,王非,周永年.改进遗传算法在公交智能调度中的应用［J］.科技通报,2015,31(9):245-249,258.

［110］邓芳玥,王欢.基于改进遗传算法的公交线路调度模型［J］.交通世界,2017,(33):158-159,176.

［111］SUN B, WEI M, YANG C, et al. Personalised and Coordinated Demand-Responsive Feeder Transit Service Design:A Genetic Algorithms Approach ［J］. Future Internet,2018,10(7):61.

［112］裴玉龙,杨世军,潘恒彦. 考虑车内拥挤状态的公交弹性发车间隔优化 ［J］.东北大学学报(自然科学版),2021,42(11):1663-1672.

［113］张思维,魏昕怡,邱桃荣.优化公交车调度的多目标遗传算法模型［J］.南昌大学学报(理科版),2022,46(1):60-65.

［114］TEODOROVIĆ D, LUČIĆ P. Schedule Synchronization in Public Transit Using the Fuzzy Ant System［J］. Transportation Planning and Technology,2005,28(1):47-76.

［115］KUAN S N, ONG H L, NG K M. Solving the Feeder Bus Network Design

Problem by Genetic algorithms and Ant Colony Optimization[J]. Advances in Engineering Software,2006,37(6):351-359.

[116] ROJAS J S,JIMÉNEZ J F,MONTOYA-TORRES J R. Solving of School Bus Routing Problem by Ant Colony Optimization[J]. Revista EIA,2012(17): 193-208.

[117] YIGIT T, UNSAL O. Using the Ant Colony Algorithm for Real-Time Automatic Route of School Buses [J]. International Arab Journal of Information Technology(IAJIT),2016,13(5):549-565.

[118] REHMAN A,MAZHAR R M,PAUL A,et al. Vehicular Traffic Optimisation and Even Distribution Using ant Colony in Smart City Environment[J]. IET Intelligent Transport Systems,2018,12(7):594-601.

[119] CALABRÒ G,INTURRI G,LE P M,et al. Bridging the Gap between Weak-demand Areas and Public Transport Using an Ant-Colony Simulation-based Optimization[J]. Transportation Research Procedia,2020(45):234-241.

[120] YU B, YANG Z, CHENG C, et al. Optimizing Bus Transit Network with Parallel ant Colony Algorithm[C]. Proceedings of the Eastern Asia Society for Transportation Studies,2005.

[121] YANG Z,YU B,CHENG C. AParallel Ant Colony Algorithm for Bus Network Optimization [J]. Computer-Aided Civil and Infrastructure Engineering, 2007,22(1):44-55.

[122] YU B,YANG Z Z,JIN P H,et al. Transit Route Network Design-Maximizing Direct and Transfer Demand Density[J]. Transportation Research Part C: Emerging Technologies,2012(22):58-75.

[123] 陆乾杰,陈志平,张林佳,等. 基于蚁群算法多起点多终点社区公交路径规划[J]. 杭州电子科技大学学报,2016,36(3):84-88.

[124] 缪志勇. 车联网平台下基于优化蚁群算法的公交调度系统优化[D]. 南

昌:江西农业大学,2016.

[125] 黄志敏.基于蚁群算法的多路径规划研究[D].广州:华南理工大学,2021.

[126] FAN W,MACHEMEHL R. Tabu Search Strategies for the Public Transportation Network Optimizations with Variable Transit Demand[J]. Computer-Aided Civil and Infrastructure Engineering,2008(23):502-520.

[127] RUISANCHEZ F,DELL'OLIO L, Ibeas A. Design of a Tabu Search Algorithm for Assigning Optimal Bus Sizes and Frequencies in urban transport services[J]. Journal of Advanced Transportation,2012,46(4):366-377.

[128] GIESEN R, MARTÍNEZ H, Mauttone A, et al. A Method for Solving the Multi-Objective Transit Drequency Optimization problem[J]. Journal of Advanced Transportation,2016,50(8):2323-2337.

[129] SARGUT F Z,ALTUNTAŞ C,TULAZOĞlu D C. Multi-Objective Integrated Acyclic Crew Rostering and Vehicle Assignment Problem in Public Bus Transportation[J]. OR Spectrum,2017,39(4):1071-1096.

[130] UVARAJA V,LEE L S,ABD R N A,et al. Parallel Multiple Tabu Search for Multiobjective Urban Transit Scheduling Problem[J]. Journal of Computer and Communications,2020,8(5):14-54.

[131] 白子建,赵淑芝,田振中.公共交通网络优化的禁忌算法设计与实现[J].吉林大学学报,2006,36(3):340-344.

[132] 周骞,韦凤连,刘菊.基于遗传禁忌算法的公交线路发车间隔优化[J].交通科学与工程,2015,31(2):81-86.

[133] 孙峣.考虑分时设置的公交专用道线网布局优化问题研究[D].大连:大连海事大学,2018.

[134] 奇格奇,邹恺杰,邹婕,等.面向异质化需求的无人驾驶电动公交接驳路径优化[J].清华大学学报(自然科学版),2022,62(7):1178-1185.

[135] ING M M, VENTO M A, NAKAGAWA K, et al. A Qualitative Study of Transportation Challenges among Intracerebral Hemorrhage Survivors and their Caregivers[J]. Hawai'i Journal of Medicine & Public Health,2014,73 (11):353-357.

[136] CHISHOLM T M. A Qualitative Investigation of Barriers and Facilitators to Physical Activity Opportunities for Persons with Disabilities in a Small Southern Alberta City[D]. Edmonton:University of Alberta,2015.

[137] VISHWANATH A, GAN H S, Kalyanaraman S, et al. Personalized Public Transportation:A Mobility Model and its Application to Melbourne[J]. IEEE Intelligent Transportation Systems Magazine,2015,7(4):37-48.

[138] MARTENS K. Ageing, Impairments and Travel: Priority Setting for an Inclusive Transport System[J]. Transport Policy,2018(63):122-130.

[139] KUNERT U, KLOAS J, KUHFELD H. Design Characteristics of National Travel Surveys:International Comparison for 10 Countries[J]. Transportation Research Record,2002(1804):107-116.

[140] REPLOGLE M. Non-motorized vehicles in Asian cities[M]. Washington, D. C.:World Bank,1992.

[141] HOOK W, REPLOGLE M. Motorization and Non-Motorized Transport in Asia:Transport System Evolution in China, Japan and Indonesia[J]. Land Use Policy,1996,13(1):69-84.

[142] OZBAY K,OZMEN D, BERECHMAN J. Modeling and Analysis of the Link between Accessibility and Employment Growth[J]. Journal of Transportation Engineering,2006,132(5):385-393.

[143] HANDY S L, NIEMEIER D A. Measuring Accessibility:an Exploration of Issues and Alternatives [J]. Environment and planning A, 1997, 29 (7): 1175-1194.

[144] MONIRUZZAMAN M,PÁEZ A. Accessibility to Transit,by Transit,and Mode Share:Application of a Logistic Model with Spatial Filters[J]. Journal of Transport Geography,2012,24:198-205.

[145] VAN C J,CLARYS P,DE B I,et al. Physical Environmental Factors Related to Walking and Cycling in Older Adults:the Belgian Aging Studies[J]. BMC public health,2012,12(1):142.

[146] 王莹亮. 老年人宜步行住区空间环境研究[D]. 重庆:重庆大学,2015.

[147] 唐大雾,段文. 老住区"老年交通安全区"的规划策略研究[J]. 住区,2018 (2):21-25.

[148] 刘莹,罗辑,吴阅辛. 基于人本位的城市慢行交通规划细节设计研究[J]. 城市规划,2011(6):82-85.

[149] 钟运峰. 北京"人文奥运"城市无障碍设计的启示[J]. 科技信息,2009 (34):761-762.

[150] 王宇. 南昌市非机动车管理研究[D]. 南昌:江西财经大学,2017.

[151] 寇文博. 浅谈当前西安市非机动车管理中存在的问题及有关建议[J]. 2018(26):156-157.

[152] 施敏捷. 慢行系统中的非机动车道设计[J]. 建筑工程技术与设计,2015 (34):210,546.

[153] MESBAH M,SARVI M,CURRIE G. New Methodology for Optimizing Transit Priority at the Network Level[J]. Transportation Research Record,2008 (2089):93-100.

[154] 刘海洋. 基于混合动态交通分配的间歇式公交专用道设置与优化[D]. 哈尔滨:哈尔滨工业大学,2016.

[155] WOLSHON B. "One-Way-Out":Contraflow Freeway Operation for Hurricane Evacuation[J]. Natural hazards Review,2001,2(3):105-112.

[156] ZHAO F, UBAKA I, GAN A. Transit network optimization:Minimizing

transfers and maximizing service coverage with an integrated simulated annealing and tabu search method[J]. Transportation Research Record, 2005,1923:180-188.

[157] 周晶,徐晏. 弹性需求随机用户平衡分配模型及其应用[J]. 系统工程学报,2001,16(2):88-94.

[158] GOLANI A, DAMTI H. Model for Estimating Crossing Times at High-Occupancy Crosswalks[J]. Transportation Research Record, 2007, 2002: 125-130.

[159] ZHANG T,REN G,YU Z G,et al. Model and Application of Bidirectional Pedestrian Flows at Signalized Crosswalks[J]. Chinese Physics B,2018,27 (7):078901.

[160] SMITH M J. The Existence, Uniqueness and Stability of Traffic Equilibria [J]. Transportation Research Part B:Methodological,1979,13(4):295-304.

[161] DAFERMOS S. Traffic Equilibrium and Variational Inequalities [J]. Transportation Science,1980,14(1):42-54.

[162] ZHANG T,YANG Y,REN G,et al. Design and Optimisation of Multimodal Traffic Strategy for Low-mobility Individuals[J]. IET Intelligent Transport Systems,2020,14(10):1240-1248.

[163] CAREY M. Nonconvexity of the Dynamic Traffic Assignment Problem[J]. Transportation Research Part B:Methodological,1992,26(2):127-133.

[164] LIU Z K. Model dynamic traffic assignment [D]. Nagoya: Nagoya University,1993.

[165] YANG Y,ZHANG T,JIA Q L,et al. Optimal Design of Multimodal Traffic Strategies in Emergency Evacuation Considering Background Traffic [J]. IEEE Access,2022,10:77158-77169.